Oldenbourg Interpretationen

Herausgegeben von
Bernhard Sowinski und Reinhard Meurer

begründet von
Rupert Hirschenauer(†) und Albrecht Weber

Band 59

Christoph Ransmayr

Die letzte Welt

Interpretation von
Thomas Epple

Oldenbourg

Die Seitenzahlen in Klammern beziehen sich auf die Einzelausgabe: Christoph Ransmayr: Die letzte Welt. München [1]1991 (= Fischer-Taschenbuch 9538).

Die Deutsche Bibliothek – CIP-Einheitsaufnahme

Epple, Thomas:
Christoph Ransmayr, Die letzte Welt : Interpretation / von Thomas Epple. – 1. Aufl. – München : Oldenbourg, 1992
(Oldenbourg-Interpretationen ; Bd. 59)
ISBN 3-486-88658-4
NE: GT

1. Auflage 1992
Unveränderter Nachdruck 04 03 02 01 00
Die letzte Ziffer bezeichnet das Jahr des Drucks.

Lektorat: Ruth Bornefeld
Herstellung: Susanne Büttner
Umschlaggestaltung: Klaus Hentschke
Gesamtherstellung: Wagner GmbH, Nördlingen

ISBN: 3-486-88658-4

Inhalt

1 Zur Problematik des Umgangs mit einem aktuellen Bestseller

Christoph Ransmayrs *Die letzte Welt* beherrschte im Herbst 1988 das literarische Leben der Bundesrepublik. Die Feuilletons von *Frankfurter Allgemeiner* (vgl. Mat. 1), *Zeit, Spiegel* bis hin zur *taz* lobten einstimmig und ohne die sonst auf dem Rücken der Autoren ausgetragenen Kritikerrivalitäten den Roman. Ransmayr dürfte einer der ersten „Newcomer" innerhalb der deutschsprachigen Literatur nach 1945 sein, dem anfangs ein solch einhelliges, euphorisch positives Urteil entgegenschlug. Während Optimisten aus diesem Befund ableiten, daß der Literaturkritik doch ein gewisses Maß an Objektivität zukommt, sehen Skeptiker darin vor allem die geschickte Strategie des Greno-Verlags und des Ransmayr-Förderers Enzensberger am Werk (vgl. Mat. 3). Die Sprache Ransmayrs und sein spielerischer Umgang mit Zeiten, Räumen und vor allem den *Metamorphosen* Ovids faszinierten die Rezensenten, wobei sich für den zweiten Aspekt sehr bald das Etikett „postmodernes Schreiben" einstellte. Dem bisweilen hymnischen Lob folgte – als ausgleichende Gerechtigkeit oder aber als unausweichliche Reaktion des Literaturbetriebs? – eine Absetzbewegung; sprachliche Brillanz wie thematische Bedeutung und Gelingen der figurativen Gestaltung wurden in Frage gestellt (vgl. Mat. 2). *Die letzte Welt* bietet sich – zumal auch innerhalb des Romans davon die Rede ist – gerade angesichts der Außergewöhnlichkeit der Reaktionen als Beispiel für die Mechanismen von Literaturkritik und Literaturbetrieb an.

Die große und weitgehend sehr positive Resonanz, die *Die letzte Welt* fand, heben den Roman aus dem halbjährlichen Neuerscheinungsritual heraus und lassen es als sinnvoll erscheinen, sich mit dem Text näher auseinanderzusetzen. Da erst allmählich jenseits der subjektiv-kritischen Wertungen der Feuilletons eine literaturwissenschaftliche Beschäftigung mit Ransmayr einsetzt, ist es wichtig, die nötige Distanz zu dem eindeutigen Pro oder Contra der Rezensionen durch eine genaue und detaillierte Textanalyse zu gewinnen. Daher sollen hier Thematik, Struktur und Sprache der *Letzten Welt* im Zentrum der Interpretation stehen;

Überlegungen zur „Postmodernität" des Textes werden erst an zweiter Stelle einbezogen und können angesichts der Komplexität und Vagheit des Begriffs auch nur angeschnitten werden. Bei der Analyse des Textes wird – entsprechend dem Verwendungszusammenhang für Schule und Unterricht – weitgehend davon ausgegangen, daß der Roman ohne Kenntnis der Ovidschen *Metamorphosen* gelesen wird.

Der Erfolg des Buches bei Kritik und Leserschaft berechtigt schon jetzt dazu, in ihm ein Werk zu sehen, das den Nerv der Zeit in der Wende zu den neunziger Jahren getroffen hat; ob *Die letzte Welt* darüber hinaus literarhistorisch „Bestand" haben wird oder sich als kurzlebiges Produkt eines „Zeitgeistes" erweist, muß sich indes noch herausstellen.

2
Handlungsumfeld des Romans

2.1
Verschmelzung der Zeiten

Schon nach wenigen Seiten drängt sich dem Leser der *Letzten Welt* die Frage auf, in welcher Epoche der Roman eigentlich spielt. Auf der einen Seite verweisen der politische Hintergrund (das römische Imperium), vor allem aber die Namen und Schicksale der zentralen Figuren – Cotta, Publius Ovidius Naso und dessen *Metamorphosen* – auf die Antike, sogar auf eine genau datierbare Zeitspanne zwischen 8 n.Chr. (Verbannungsurteil gegen Ovid) und 17 n.Chr. (Tod Ovids in Tomi). Auf der anderen Seite wird der Leser schon nach wenigen Seiten mit einem Cotta konfrontiert, „der an der rostzerfressenen Bushaltestelle den Fahrplan abschrieb" (9). Planmäßig führt Ransmayr immer wieder Elemente aus der Gegenwart in den Text ein. Damit durchbricht er den antiken Zeitrahmen. Es sind vor allem technische Geräte (Filmprojektoren (22), Lastwagen (30), Mikrophone (60), Feldstecher (144), ein Episkop (209)) und die stets in moderner Schreibweise wiedergegebenen Straßen- und Städtenamen („Piazza del Moro" (43), „Accademia Dante" (144), „Constanta" und „Sewastopol" (205)), die in dem antiken Horizont verblüffen und einen gewissen Irritations- und Verfremdungseffekt erzielen.

Für die Handlung des Romans sind diese Details weitgehend unwichtig, ihre Funktion liegt auf der thematischen Ebene. Sie signalisieren immer wieder, daß keine Festlegung der geschichtlichen Zeit der Handlung möglich ist, daß hier kein historisierender Antikenroman oder eine Ovidbiographie vorliegt. Wichtiger als solche isolierten Einzelheiten ist für *Die letzte Welt* die Skizzierung des römischen Staates. Ein allmächtiger Diktator regiert; gestützt auf eine gigantische bürokratische Organisation, die der Überwachung und Verwaltung der Bürger dient. Nur durch die Herrschernamen (Augustus, später Tiberius) ist dieses System eindeutig in der Antike verankert, ansonsten changiert es zwischen Antike und Moderne.

Der Roman spielt nicht nur in der Vergangenheit, sondern erhebt durch diese Zeitverschmelzung auch Anspruch auf Aktualität, oder anders ausgedrückt: Er will zeitlos gültige Fragestellungen verhandeln. Daher ist es für Ransmayr wichtig, daß der Roman nicht eindeutig zeitlich festlegbar ist, sondern die Kupferzeit (die verschüttete Stadt Limyra (228 ff.)), die archaische Lebensweise in der „eisernen Stadt" (9) Tomi und die halbantike, halbmoderne Organisiertheit Roms mit solchen Einsprengseln aus dem technisch-industriellen Zeitalter zu verknüpfen.[1] Am deutlichsten wird die beabsichtigte Ahistorizität des Romans in den Erinnerungen des Deutschen Thies: „In diesem steinernen, fensterlosen Raum waren die Bewohner eines ganzen Straßenzuges zusammengepfercht und mit Giftgas erstickt worden." (261) Das chronologische Nacheinander der Geschichte ist zum unterschiedslosen Neben- und Ineinander geworden.[2] In einer wörtlich verstandenen *Letzten Welt* macht eine historische Differenzierung keinen Sinn mehr.

2.2 Schauplatz

Entsprechend der Aufhebung der realen Chronologie sind auch die Schauplätze der Handlung, Tomi und Rom, nicht geographisch wiederzufinden. Tomi, das heutige rumänische Constanza, liegt an einer völlig flachen Küste; das Tomi der *Letzten Welt* liegt dagegen „am Fuß der Steilküste" (8), „auf einem schmalen Streifen zwischen Fels und Flut gefangen" (246). Nur über eine – völlig unregelmäßige – Schiffslinie und eine staubige Küstenstraße ist der Ort erreichbar, landeinwärts türmt sich das Gebirge zu „Wände[n], die nach oben hin ununterscheidbar wurden vom Schwarzblau des Himmels" (187).

Da dieses Tomi genausowenig festgelegt ist wie der historische Rahmen, kann der Ort im Verlauf der Handlung verschiedene Klimazonen „durchwandern", die alle in der jeweiligen Extremheit ihrer Ausprägung übereinstimmen: Zu Beginn des Romans endet im April ein „zweijähriger Winter" (9), doch daraufhin wird bereits der Mai dermaßen heiß, daß sich das Meerwasser so aufwärmt, daß „Hellebardenfische in panischer Flucht vor der warmen Flut aus dem Spiegel auf den Strand schnellten und sich dort flossenschlagend in Panzer aus Sandkörnern und Perlmutt hüllten, während sie erstickten" (120). Im August herrscht endgültig Wüstenklima: „Unter der Sonne dieses Monats verbrannte, was nicht die Zähigkeit von Kakteen, Disteln oder Tamarisken besaß.“ (199) Die ausgiebigen, aber warmen Regenfälle von Herbst und Winter bescheren Tomi schwere Erdrutsche und ein wucherndes Wachstum der Vegetation: „Erlosch ein Feuer, kroch blühendes Unkraut aus der Asche. Brennholz schlug aus.“ (270)

Rom ist nicht von diesen Veränderungen der Witterung betroffen, dort herrscht gleichbleibend mediterranes Klima. Diese Stadt bleibt geographisch auf der Landkarte fixierbar, sie stellt jedoch in ihrer Mischung aus einer antiken wie modernen Großstadt ebenfalls keine real existente Stadt dar. Beide Orte sind also zumindest halb-imaginär. „Tomi, das Kaff. Tomi, das Irgendwo. Tomi, die eiserne Stadt.“ (9) So wird bezeichnenderweise der zentrale Schauplatz eingeführt. Wie die Zeit des Romans nicht auf der herkömmlichen Zeitschiene festlegbar ist, so geht es auch nicht um zwei konkrete Orte.

Rom und Tomi repräsentieren Metropole und äußerste Peripherie (vgl. Strukturskizze). Diese räumliche Aufteilung konstituiert eine Gegensätzlichkeit, die der Roman abstrakt wie konkret ausführt. Beide Welten sind in geradezu dichotomischer Aufteilung im Text aufeinander bezogen, gemeinsam ist ihnen nur das Signum der letzten Welt, unter dem beide stehen. Das Zentrum, Rom, bezeichnet der Roman als das „Reich der Notwendigkeit und der Vernunft“ (287). Von dort aus kontrolliert und steuert ein gewaltiger bürokratischer Apparat fast alle Lebenswelten und beinahe alle Untertanen des Reiches. Rom steht als Metropole für Ordnung, rationale Organisation, Stabilität und Naturbeherrschung; letztere zeigt sich etwa in dem Unterfangen, „Schlachtschiffe der römischen Kriegsflotte [...] unter vollen Segeln durch die Prachtstraßen der Residenz [zu] schleifen [...], um zu zeigen, daß jeder Träger des Namens Augustus selbst die steinige Erde zum Meer werden lassen konnte.“ (206) Um den Preis eines durchorganisierten und staatlicherseits überwachten Lebens garantiert die Metropole der Oberschicht ein luxuriöses Leben, den Unterschichten immerhin soziale Fürsorge und spannende Unterhaltung in den großen Sportarenen. Selbst die Erinnerungen an wildere Vorzeiten, die Bereiche des Unterbewußtseins und der Phantasie, aus denen Mythen entspringen, sind in Rom ausgemerzt: Diese Mythen sind „unter der Herrschaft von Augustus

Imperator in Pflichtbewußtsein, in Gehorsam und Verfassungstreue verwandelt und zur Vernunft gebracht worden“ (93).

Die Kraft der Metropole reicht jedoch nicht aus, ihren Standard überall durchzusetzen. In den Katakomben der Großstädte, vor allem aber an den Rändern des Imperiums läßt sich die Kontrolle über die Natur und über die Menschen nicht durchhalten. Von Rom aus gesehen ist Tomi „das Ende der Welt“ (73). Entsprechend reziprok stellen sich die Lebensumstände in Tomi dar. Die Menschen leben völlig auf sich allein gestellt unter harten Bedingungen ein weitgehend archaisches Leben als Bauern, Hirten, Fischer und Erzkocher. Über Familienstrukturen hinaus gibt es beinahe keine Ansätze zu einer gesellschaftlichen Organisation und in der Kneipe, dem Krämerladen und den Filmvorführungen nur Ansätze zu einem öffentlichen Leben. Es fehlt jeder Verwaltungsapparat, jeder politische oder identitätsgestiftete Zusammenhang zwischen den Bewohnern. Jeder lebt sein Leben völlig unabhängig und ohne engere Beziehung zu den Nachbarn, ausgeliefert den Launen der Natur. „Hier, an dieser Küste, verloren sich die Gesetze, die Macht und der Wille Roms in der Wildnis.“ (123) Chaos, Armut, Instabilität und Ungebundenheit beherrschen das Leben. In Tomi ist der Freiraum für Veränderungen und Verwandlungen gegeben. Trachila, der letzte Zufluchtsort Nasos, stellt in seiner Eingeschlossenheit vom Gebirge und seiner völligen Abgelegenheit noch eine weitere Steigerung zu Tomi dar, die aber an der grundsätzlichen Zweiteilung des Handlungsraumes nichts ändert. In Tomi lebt jedoch keine traditionelle, von der Metropole unabhängige Gesellschaft, sondern diese äußerste Welt ist von der Zentrifugalkraft der Metropole geprägt. Der Zerfall der Zivilisation wird hier deutlich:

> Von den neunzig Häusern der Stadt standen damals schon viele leer; sie verfielen und verschwanden unter Kletterpflanzen und Moos. Ganze Häuserzeilen schienen allmählich wieder an das Küstengebirge zurückzufallen. [...] Und an allem fraß der salzige Wind, fraß der Rost. Der Rost war die Farbe der Stadt. (10)

Ein dritter Raum ist für den Roman noch von entscheidender Bedeutung: die von menschlichen Eingriffen unberührte Natur. Sie stößt in Tomi auf den Rand der Zivilisation und holt sich die Stadt allmählich zurück. So sehr sich Tomi und Rom unterscheiden, beide gehören dem Kulturraum an. Allerdings liegt Tomi an der Grenze, im Übergangsbereich zur Natur. In Tomi stehen die Menschen dem sukzessiven Vordringen der Natur machtlos gegenüber. Die der Natur vom Menschen aufgezwungene Ordnung bleibt hier nicht bestehen. An der Peripherie ist die Natur stärker als die Zivilisation.

2.3 Realitätsbegriff

Nicht nur Chronologie und Geographie werden von der *Letzten Welt* außer Kraft gesetzt, sondern auch Naturgesetze werden, wie an den rasanten Klimawechseln bereits erkennbar ist, nicht respektiert. Aus naturwissenschaftlicher Sicht unmögliche Ereignisse finden in der Fiktion des Romans ganz real statt. Ein erster Hinweis darauf ist der Maulbeerbaum[3] in Trachila, der den zweijährigen Winter überstanden hat (15). Es entsteht innerhalb weniger Tage ein neues Gebirgsmassiv, der Olymp (285). So versteinert der Epileptiker Battus (214), der Metzger Tereus wird zum Wiedehopf (284), seine Frau zur Schwalbe, seine Schwägerin zur Nachtigall (284). Diese Ereignisse, die alle nur in der Peripherie stattfinden, verblüffen durchaus auch die Personen des Romans, jedoch ohne daß sie eine Erklärung dafür angeben könnten. *Die letzte Welt* schließt aber alle Modelle aus, mit denen diese Vorgänge doch noch in den Rahmen der Wahrscheinlichkeit und der normalen Realitätserfahrung integriert werden könnten. Weder wird durch eine Rahmenhandlung oder einen Vorbericht der Übertritt in das Reich des Imaginären und Irrealen oder der Science Fiction vermittelt, wie dies in phantastischer Literatur immer wieder geschieht, noch können die Beobachtungen mit Hilfe psychologischer Relativierungen eingeordnet werden: Es liegen keine Träume oder Halluzinationen vor, und die Gewährsleute der Verwandlungen können nicht als wahnsinnig abgetan werden.

Die Überblendung der Zeiten und die Instabilität des Handlungsortes auf der Landkarte bereiten den Leser darauf vor, daß *Die letzte Welt* keiner realistischen Literaturkonzeption unterliegt, vielmehr Zeit, Ort und Handlung jenseits des normalen Vorstellungshorizonts liegen. Die Realität der Verwandlungen wird aber von dem Roman nur behutsam eingeführt. Zunächst, bei Cyparis, ganz eindeutig im vorhinein als Traum: „Manchmal schlief er während der Vorführung ein und träumte [...], daß er Moos auf seiner harten, rissigen Haut trug. Dann sprangen ihm an den Füßen die Nägel auf, und aus seinen krummen Beinen krochen Wurzeln." (25) Andere Unwahrscheinlichkeiten treten in Filmen oder Erzählungen auf. Die Metamorphose von Argus in einen Pfau (81) wird im nachhinein als Traum erklärt. Auch die Beobachtung Cottas, wie Lykaon zum Wolf wird (84 ff.), bleibt vage und läßt sich anders deuten, da im Anschluß daran die Faschingsmaskeraden der Bewohner von Tomi geschildert werden. Erst die Versteinerung von Battus, zu Beginn des letzten Drittels des Buches, macht die Durchbrechung der Naturgesetze und die Absage an die Realität unübersehbar.

3
Aufbau des Romans

3.1
Chronologie der Handlung

Die erzählte Zeit des Romans umfaßt ungefähr ein Jahr vom ersten Winterende (Ende April bei der Ankunft Cottas in Tomi) bis zum zweiten Winterende (Ende Januar bei Cottas letztem Aufbruch nach Trachila). Durch den Wechsel der Jahreszeiten ergibt sich eine Zeitstruktur innerhalb der *Letzten Welt,* auf die der Roman immer wieder hinweist (vgl. Strukturskizze). Dieser lineare Zeitablauf wird immer wieder durch Einschübe unterbrochen, in denen sich verschiedene Bewohner Tomis an Naso erinnern und vor allem Cotta oder der Erzähler auf Nasos Leben in Rom, dessen Karriere, Verbannung und Bedeutung für das öffentliche Leben sowie auf seine eigene Jugend zurückblickt. Auf diese Weise erhält der Leser einerseits die unabdingbaren Informationen zur Vorgeschichte, andererseits kann so auch der Antagonismus von Metropole und Peripherie aufgebaut werden. Vor allem im 3. (44–46, 52–73) und 5. Kapitel (126–141) nehmen diese Rückblenden weiten Raum ein. Diese Retrospektive umfaßt mit der Jugend Cottas, dem Aufstieg Nasos und der Zeit seiner Verbannung über zwei Jahrzehnte. Je weiter die Handlung voranschreitet, um so seltener werden die Erinnerungen an Rom.

3.2
Grundstruktur

Für die Struktur des Romans gilt es zu bedenken, daß der *Letzten Welt* ein doppelter „Handlungsverlauf" eingeschrieben ist: einerseits die Fiktion, die der Text selbst erweckt und die bis zum Schluß dem Leser eine zielgerichtete Handlung vorspielt; andererseits das Grundmodell der *Letzten Welt,* der allmähliche Übergang in den Imaginationsraum der (abgewandelten) *Metamorphosen* Ovids. Man könnte dies als palimpsestartige Struktur bezeichnen. Palimpsest bezeichnet ein antikes oder mittelalterliches Schriftstück, von dem der ursprüngliche Text abgeschabt und das Pergament erneut beschrieben wurde, worunter der alte Text jedoch wieder sichtbar gemacht werden kann. In dieser Weise werden unter der *Letzten Welt* immer wieder die *Metamorphosen* Ovids erkennbar, ist der alte Text in den neuen Roman teilweise einbezogen, oder umgekehrt ausgedrückt: nimmt der neue Text immer wieder Bezug auf den alten, ohne diese Abhängigkeit zu verschleiern. Die oberflächliche Ebene ergibt sich bei einem Lesen, das nur die Informationen des Romans heranzieht und sozusagen mit den Augen Cottas und mit seinem vom Erzähler nur selten ergänzten Informationsstand liest. Die andere Ebene stellt sich – zumindest teilweise – bei einer Kenntnis der *Metamorphosen* ein. Ransmayr liefert jedoch zu seinem Roman in einem Anhang (289 ff.) „ein ovidisches Repertoire", in dem die „Gestalten der Letzten Welt" den „Gestalten der Alten Welt" (289), damit sind Ovids *Metamorphosen* gemeint, gegenübergestellt werden. Damit verhilft er dem dort nachschlagenden Leser zu einem ähnlichen Informationsstand wie dem Kenner der *Metamorphosen.* Beide Ebenen des Textverständnisses sind daher nicht scharf zu trennen; mittels des „Repertoires" kann die „Cotta-Ebene" überschritten werden; auf der anderen Seite klärt auch das „Repertoire" oder eine umfassende Kenntnis der historischen Gestalt Ovids und seiner *Metamorphosen* nicht alle Fragen, die das Textgeschehen aufwirft. Zu deutlich wird von Anfang an die Bereitschaft des Autors, von den überlieferten Fakten und historischen Bedingungen abzuweichen und den Leser in die Irre zu führen.

3.3 Binnengliederung und Spannungsbogen

3.3.1 Cottas Suche nach Naso und den „Metamorphosen"

Der Begriff „Handlung" kann sich bei der Palimpsest-Struktur der *Letzten Welt* nur auf die „Cotta-Ebene" beziehen. Die Überlagerung und Spiegelung von „Letzter Welt" und „Alter Welt" (289), um in Ransmayrs Terminologie zu bleiben, ergibt keine Handlung, sondern bleibt statisch. Da jedoch bis zum Schluß – darin gerade liegt der Reiz der *Letzten Welt* – die Diskrepanz zwischen dem, was den Roman als Handlungsanstoß auf der „Cotta-Ebene" organisiert, und dem, was in der Fiktion des Romans längst Realität geworden ist, aufrechterhalten wird, bleibt die „Cotta-Ebene" entscheidend für das Verständnis des Romans: Cotta sucht bis zum Schluß das Buch von Naso, obwohl ihn die *Metamorphosen* längst eingeholt haben und er sich bereits in ihrem Imaginationsraum befindet.

Cotta verläßt Rom, reist anschließend nach Tomi, um Klarheit über die Gerüchte von Nasos Tod zu erhalten und nach Möglichkeit das Hauptwerk des Dichters, die *Metamorphosen,* deren einziges Exemplar Naso vor seiner Verbannung verbrannte, dort in einer erneuerten Fassung aufzufinden. Auf diesem Vorhaben baut der Roman auf. Der Leser kann Cotta auf der Suche nach Naso und den *Metamorphosen* begleiten, ungeachtet der Tatsache, daß bereits Cottas Träume von Io und Argus bei seinem ersten Aufenthalt in Trachila (78–81) auf die andersartige Qualität hindeuten, die die *Metamorphosen* in der *Letzten Welt* einnehmen.

Das Strukturprinzip auf der „Palimpsest-Ebene" ist die Aneinanderreihung von Verwandlungen, die Ransmayr von Ovids *Metamorphosen* übernimmt und auf seine Art neu gestaltet. Cottas Erinnerungen und seine Erlebnisse in Tomi dienen aus dieser Perspektive vor allem dazu, diese Geschichten miteinander zu verknüpfen. Auf dieser Ebene ist die *Letzte Welt* vor allem intellektuelles Spiel.

Die Handlung auf der „Cotta-Ebene" wird einerseits durch den Jahreszeitenwechsel, vor allem aber durch die verschiedenen Unternehmungen Cottas, Naso und die *Metamorphosen* zu finden, gegliedert (vgl. Strukturskizze). Allerdings wird dieses Ziel Cottas erst nach einiger Zeit explizit dem Leser offenbart. Pythagoras fragt den Römer: „Was willst du?" (43) Erst mit Cottas Antwort „Das Buch" (44) fügen sich die Details seiner Reise nach Tomi und der Erinnerungen an Naso sinnvoll zusammen. Auch hier bleibt Ransmayr seiner Strategie, den Leser zu verwirren, ihn möglichst lange im dunkeln zu lassen, treu.

Ransmayr steigert immer wieder die Spannung, indem er Cotta scheinbar Naso aufspüren läßt oder indem er ihn nach einer längeren Pause und nach Phasen der Gleichgültigkeit seinen ursprünglichen Zielen gegenüber zu einer neuen Expedition aufbrechen läßt. So zieht Cotta dreimal ins Gebirge nach Trachila, jedesmal in der Erwartung, diesmal kurz vor der Lösung der Fragen und einem Erfolg bei der Suche zu stehen (13, 223, 283). Ebenfalls dreimal glaubt Cotta, Naso gefunden zu haben:

– Cotta spürte sein Herz toben. Naso stammelte er. Der Alte [...] kicherte: Naso ist Naso, und Pythagoras ist Pythagoras. (16 f.)
– Aber jetzt hielt Cotta den Narren fest; [...] dieser Kopf mit der großen, hakigen Nase glich jenem Bildnis, das ein [...] Bewunderer Nasos [...] auf Silbermünzen hatte prägen [...] lassen. [...] Und dieser Kopf [...] trug eben jene große, unverwechselbare Nase, eine Pappnase an einem Gummiband, das schnalzend zerriß, als Cotta der um sich schlagenden Gestalt grob ans Gesicht griff und plötzlich den maßlos erschreckten Battus vor sich hatte. (94 ff.)
– Den Blick auf das Herdfeuer gerichtet, schien Naso zu seinem Knecht zu sprechen. [...] Er hatte Naso endlich gefunden. [...] Als er in seinem Rücken noch das Kollern losgetretener Steine hörte und einen Gruß hervorkeuchte, war er allein. [...] Nicht der Dichter Roms lehnte an einem zweiten Kegel, sondern ein vom Geröllstrom entrindeter Kiefernstamm. (238 ff.)

Jedesmal entpuppt sich das erfolgreiche Auffinden Nasos als Irrtum, als Verwechslung mit Pythagoras, als Faschingsmaskerade und als Sinnestäuschung bei der Wahrnehmung der Wirklichkeit. Jedoch erhält er auch niemals einen eindeutigen Beweis, daß Naso gestorben ist, vielmehr immer wieder Aussagen, die Cotta weiter hoffen lassen: „Fort bedeutete, daß an irgendeinem Wintermorgen alles wie immer gewesen und Naso ins Gebirge gegangen und nicht wiedergekommen sei." (51) „Tod? Naso habe die eiserne Stadt oft monatelang gemieden, ohne daß ihn deshalb einer für tot gehalten hätte." (117) Trotz der konkreten Mißerfolge kann Cotta immer wieder neue Hoffnungen aufbauen. Durch seine – bis auf den dritten Anlauf nach Trachila – immer wieder vergeblichen Versuche und nur scheinbaren Erfolge wird der Spannungsbogen der Romanhandlung bestimmt. Der Leser bleibt, wie Cotta, gespannt auf die Auflösung. Als Gegenbewegung zu diesen immer wieder einsetzenden Aktionen Cottas, Naso aufzuspüren, steht die schleichende Verwandlung Cottas von einem fremden Römer zu einem gewöhnlichen Einwohner von Tomi.

Neben diesen einigermaßen gleichmäßig über den Text verteilten Einschnitten aufgrund Cottas Expeditionen wird die *Letzte Welt* in den ersten Kapiteln durch den Schauplatzwechsel zwischen Rom und Tomi gegliedert – das erste, fünfte und siebte Kapitel spielt zum Teil, das dritte und sechste fast ausschließlich in Rom. Ein weiteres Strukturprinzip besteht darin, daß immer wieder neue Figuren aus Tomi in das Geschehen eingeführt und vorübergehend für den Roman wichtig werden, bevor sie auf die eine oder andere Art wieder verschwinden: Im zweiten Kapitel ist dies der Filmvorführer Cyparis, im fünften und siebten Kapitel Echo, im achten Arachne, im neunten Battus, im dreizehnten Fama und Thies und in den beiden letzten Kapiteln Procne, Philomela und Tereus. Cottas Aktionen treten immer wieder hinter den Bericht vom Schicksal dieser Gestalten, ihren Begegnungen mit Naso und der Wiedergabe von Ausschnitten aus den *Metamorphosen* Nasos zurück, so daß die spannungsgeladene Cotta-Handlung immer wieder von abgeschlossenen Episoden unterbrochen wird.

3.3.2 Cottas Hypothesen zur Existenz der „Metamorphosen"

Cotta gelingt es nicht, Naso oder ein neugeschriebenes Exemplar der *Metamorphosen* zu finden. Die Inschrift auf den Steinsäulen von Trachila, die ihm Pythagoras zeigt, beweist ihm jedoch nochmals eindringlich die Existenz dieses Textes. Als sich die Suche nach Naso als langwierig und ohne sichere Erfolgsaussichten herausstellt, hofft Cotta zweimal, auf indirektem Wege wenigstens den Gehalt des Buches rekonstruieren zu können. Aus seiner Zeit in Rom kennt er etliche Partien, die Naso separat veröffentlichte, ohne den Gesamtplan seines Projekts preiszugeben. Aufgrund der Nacherzählungen von Echo und der Webereien von Arachne erscheint es ihm zwischenzeitlich möglich, durch Befragung der Bewohner von Tomi die Erzählungen Nasos zu sammeln und zu einem Buch zusammenzufügen:

> Die *Metamorphoses,* verbrannt, an Erzkocher und Schweinehirten verschleudert, und kein zweites Mal niedergeschrieben – gleichviel, er, Cotta, würde sich des Werkes bemächtigen und es in die Hände Roms zurücklegen. Aus Echos Gedächtnis oder den Erinnerungen anderer Gäste an Nasos Feuern würde er die Geschichten des Verbannten aufsammeln, auch ohne daß er ihren Urheber in der Wildnis von Trachila wiederfand. (172)

Cotta erscheint in diesem Zusammenhang als der Forscher, der die „oral poetry" einer entlegenen und weitgehend des Schreibens unkundigen Bevölkerung sammelt, die dort von Geschichtenerzählern vorgetragen und verbreitet wird. Für einen Moment scheint im Roman die Ausgangssituation aller Epik nachgestellt.

> War denn dieser Narrenzug nicht auch ein Beweis dafür, daß die Bewohner der eisernen Stadt dem Verbannten um vieles näher gestanden hatten, als sie vor einem verdächtigen Fremden, vielleicht einem Spitzel aus Rom, zugeben mochten? ein Beweis, daß Naso die Gestalten seiner Poesie mit sich in die Verbannung genommen hatte und am Ort seines Unglücks nicht verstummt war, sondern seine Geschichten weitererzählte. (94)

Erst als Cotta auf Echo stößt, scheint ihm eine Rekonstruktion der *Metamorphosen* möglich. Im Unterschied zu den anderen Bewohnern Tomis ist sie in der Lage, Cotta die Geschichten Nasos wiederzugeben: „Was immer diesem Unglücklichen einmal verbrannt sei, sagte Echo, müsse wohl ein Buch über Steine gewesen sein." (118) Bezeugt Echo ein *„Buch der Steine"* (155), so deuten die Teppiche, die Arachne nach Erzählungen Nasos webte, auf ein „Buch der Vögel" (198) hin. Cottas Hypothese lautet danach: „Er frage sich, schrieb Cotta [...], ob die *Metamorphoses* nicht von allem Anfang an gedacht waren als eine große, von den Steinen bis zu den Wolken aufsteigende Geschichte der Natur." Dieses Stadium in Cottas Überlegungen entspricht der kurzen Skizze Ransmayrs *Entwurf zu einem Roman* (vgl. Mat. 4), die als Vorüberlegung zur *Letzten Welt* zu werten ist. Dort schreibt Ransmayr:

> Pythagoras ist der erste von schließlich fünfzehn Zeugen, die Posides in den Dörfern der Küste aufspürt und befragt. [...] Die Zeugen berichten in verschiedenen Sprachen, bereitwillig oder eingeschüchtert, zerstreut und begeistert von den Phantasmagorien des Dichters. [...] Und Posides glaubt endlich zu begreifen, wovon der Dichter in seinen Monologen, Tiraden und Erzählungen gesprochen hat und beginnt, die Aussagen der Zeugen zu ordnen.[4]

In der *Letzten Welt* fehlen Cotta jedoch nach Echo weitere gesprächsbereite Zeugen, so daß er auf diese Weise das Projekt der Wiederherstellung der *Metamorphosen* nicht weiterverfolgen kann. Ransmayr schlägt in dem ausgeführten Roman einen anderen Lösungsweg zur fiktiven Überlieferung der *Metamorphosen* ein.

Noch eine weitere Fährte bietet sich Cotta an. Pythagoras, Nasos freiwilliger Knecht, beschriftet unzählige Stoffetzen mit Aussprüchen von Naso und baut um sie Steinpyramiden. Cotta sammelt sie (243) und versucht, sie zu ordnen und den Sinn der Beschriftung zu erkennen (250). Aber Cotta kommt „an einem dieser Abende doch zu dem Schluß, daß die Steinmale von Trachila nicht viel mehr enthielten als das Getratsche der Krämerin, Schicksale, Legenden und Gerüchte dieser Küste, von Naso und seinem griechischen Knecht gesammelt, ins Gebirge getragen und aufgezeichnet in einem kuriosen, kindischen Spiel mit der Überlieferung." (268 f.) Auch diesen zweiten Versuch, Nasos *Metamorphosen* zu rekonstruieren, gibt Cotta daher wieder auf. Er scheint endgültig gescheitert, weder über das Schicksal des Dichters noch über dessen Buch gelingt es ihm, eindeutige Auskünfte zu erhalten, noch ist die Rettung des Textes über die direkte Rezeption vor Ort erfolgreich.

Dabei ist Cotta von Anfang an dem gesuchten Text näher, als er denkt. Er befindet sich längst innerhalb des Buches, das er so unbedingt finden will; er erlebt die Literatur als Realität. Der unsichtbar bleibende Naso inszeniert – in sich steigernder Erkennbarkeit – seine *Metamorphosen* für Cotta in der Realität. Seine ersten Überlegungen angesichts des Faschingsumzuges waren richtiger, als er dachte, auch die Botschaften auf den Stoffahnen waren wichtiger, als er schließlich glaubte: „Was nun geschah, war nur die Erfüllung dessen, was längst auf den Fetzen und Wimpeln von Trachila geschrieben stand." (284) Vor seinem letzten Aufbruch nach Trachila erkennt Cotta, daß es keine neue Fassung der *Metamorphosen* gibt, sondern daß sie vor seinen Augen geschehen: „Die Erfindung der Wirklichkeit bedurfte keiner Aufzeichnung mehr." (287) Cotta ist auf ganz andere Weise als gedacht ans Ziel seiner Wünsche gelangt.

3.4
Spiel mit den Erwartungen der Leser

Die letzte Welt macht es sich zum Prinzip, alle Erwartungen der Leser zu durchbrechen. Dies gilt sowohl für Vorstellungen, die bereits von außen an den Roman herangetragen werden, wie auch für Erwartungshaltungen, die der Text selbst durch Titel und Exposition aufbaut. Dies beginnt mit der Instabilität von Ort und Zeit und dem phantastischen Geschehen. Dies gilt aber auch für das Genre des Romans. Es liegt kein Antikenroman vor, keine Ovid-Biographie, aber auch kein Detektivroman, bei dem das Schicksal einer verschwundenen Person aufgeklärt und ein wichtiges Buch gefunden wird; dies sind Cottas Ziele, die aber weit hinter der eigentlichen Absicht des Romans bleiben. Aber auch die Erwartungen auf ein Weltuntergangsszenario, die der Titel hervorruft, werden nicht erfüllt. Der Text begnügt sich auch nicht mit einer modernisierten Nacherzählung der Ovidschen *Metamorphosen,* wie der Anhang des „ovidischen Repertoires" (289) den Anschein erwecken könnte. Der Aufbau des Buches ist durch die Palimpsest-Struktur von einem Verwirrspiel mit dem Leser geprägt. Es wird erst am Ende andeutungsweise geklärt, um dem Roman nicht seine Spannung und den Überraschungseffekt am Schluß zu nehmen.

4
Figuren

4.1
Naso: die unauffindbare Hauptfigur

Der Roman nimmt das historisch verbürgte Schicksal von Publius Ovidius Naso zum Ausgangspunkt seiner Story. Aber *Die letzte Welt* versucht nicht, ein authentisches Bild des römischen Dichters zu entwerfen. Der Naso des Romans weist zwar – vor allem in den äußerlichen Kennzeichen und in den Fakten seiner Biographie – einige Übereinstimmungen mit dem historischen Ovid auf, ist aber natürlich eine völlig fiktive Figur.

Am deutlichsten wird dies in den Gründen für seine Verbannung: Historisch wurde sie offiziell damit begründet, daß Ovids Liebeslyrik *(Amores, Ars amatoria)* den Versuchen von Augustus entgegenstand, beispielsweise durch neue Ehegesetze gegen den „Sittenverfall" in Rom anzugehen. Als eigentlichen Grund nimmt man aber an, daß Ovid Mitwisser einer politischen Intrige oder aber eines Skandals in der kaiserlichen Familie geworden ist und daher nach Tomi abgeschoben wurde. Eine scharfe gesellschaftskritische Rede vor einem Massenpublikum und im Angesicht des Imperators, wie die *Letzte Welt* es darstellt, die zudem noch die formalen Staatsbürgerpflichten der korrekten Anrede ignorierte, ist jedenfalls nicht überliefert. Historisch korrekt dürfte dagegen die Zwischenstellung sein, die Ransmayr Naso zwischen Establishment und Opposition (oder zumindest Reserviertheit gegenüber dem augusteischen Staatssystem) einnehmen läßt. Auch die *Metamorphosen* paßten keineswegs zu dem Kulturprogramm des Augustus.[5] In der Tendenz fügt sich also die Version von Ransmayr zu der historischen Wahrheit.

Naso gewinnt in der *Letzten Welt* keine eindeutigen Konturen. Er ist nur in den Rückblicken und Beschreibungen anderer greifbar. Seine innersten Motivationen und Gefühle bleiben verborgen. Am deutlichsten treten Nasos Ruhmbegier und Ehrgeiz hervor:

> Kein Zweifel, Naso war berühmt. Aber ein berühmter Dichter, was war das schon? Naso brauchte sich doch nur in einer Branntweinstube der Vorstadt zu den Handwerkern zu setzen […] und keiner kannte

> seinen Namen mehr oder hatte auch nur jemals von ihm gehört. Was war denn das kleine, elegante Publikum der Poesie gegen die ungeheueren Menschenmassen, die sich im Zirkus, in den Stadien [...] vor Begeisterung die Hälse wundschrien? [...] Obwohl Naso gewußt haben mußte, daß die Ovation der Arena eine der Poesie unerreichbare Form des Beifalls war, schien er manchmal einer Sucht nach diesem Jubel verfallen zu sein. (45)

Naso fordert stets höchste Aufmerksamkeit für sein Werk: „Wenn er vorlas, saß er zumeist tief gebückt über seinen mit einer winzigen Schrift bekritzelten Blättern und trug ohne Gesten und Pathos und so leise vor, daß die Zuhörer zu höchster Aufmerksamkeit gezwungen waren." (52) Nicht nur Nasos charakterliche Eigenschaften stecken hinter seinem überheblichen Verhalten, sondern in erster Linie sein Glaube an Bedeutung und Wichtigkeit seiner literarischen Arbeit. Sein Anspruch und sein Vertrauen in die Qualität seiner poetischen Produktion sind so enorm, daß er ihn selbst in der auf den ersten Blick literaturfeindlichen Umwelt von Tomi aufrechterhält und ihn in Trachila in Steinsäulen einmeißelt:

> ICH HABE EIN WERK VOLLENDET / DAS DEM FEUER STANDHALTEN WIRD / UND DEM EISEN / SELBST DEM ZORN GOTTES UND / DER ALLESVERNICHTENDEN ZEIT / [...] ABER DURCH DIESES WERK / WERDE ICH FORTDAUERN UND MICH / HOCH ÜBER DIE STERNE EMPORSCHWINGEN / UND MEIN NAME WIRD UNZERSTÖRBAR SEIN (50 f.)

Das Selbstbewußtsein des Dichters bleibt trotz der Verbannung ungebrochen. Der „Zorn Gottes" (50), der sowohl theologisch wie als Anspielung auf das Urteil des später vergöttlichten Kaisers Augustus aufzufassen ist, und die permanenten Prozesse der Verwandlung, deren Wirksamkeit im Text eindrucksvoll belegt werden, können ihm nichts anhaben. Naso behauptet gegenüber den höchsten weltlichen Autoritäten seinen Standpunkt. Im Horizont der *Letzten Welt* bleibt dieser Anspruch nicht rein verbal und nur im Vertrauen auf das Ansehen im Urteil der Zeiten formuliert, sondern bewahrheitet sich wörtlich. Seine Phantasie erscheint als Initiator der Metamorphosen in Tomi und damit dem einzig Stabilen, nämlich dem grundlegenden Prinzip der permanenten

Veränderung, verwandt. Nasos geistige Arbeit hat sich in Tomi in dauerhafte Natur materialisiert, so wie er selbst nach Meinung Cottas „als unverwundbarer Kiesel [...] oder [...] als triumphierendes Purpurmoos auf dem letzten, verschwindenden Mauerrest einer Stadt" (287) weiterexistiert.

Nasos Existenz in Rom ist geprägt von den Mechanismen des literarischen Marktes und dem Konflikt zwischen Literatur und Staatsmacht (vgl. Kap. 5.4.1). Er selbst geht virtuos mit den Bedingungen des Literaturbetriebs um. So umgibt er seine Arbeit an den *Metamorphosen* mit einem Schleier aus Geheimnissen, gibt stets nur Bruchstücke preis, ohne die Gesamtkonzeption offenzulegen: „Naso schwieg und ließ alle Vermutungen zu, widersprach keiner, förderte aber auch keine andere und nährte so die allmählich wachsende Verwirrung um sein Werk." (53) Sobald das Interesse an seiner Arbeit nachzulassen droht, schürt er die Neugier des Publikums mit einer neuen Veröffentlichung (54).

Die Person Naso tritt völlig hinter seinen Texten zurück. Daher ist es konsequent, daß diese Figur innerhalb der *Letzten Welt* über seine Bücher und dessen Wirkungen hinaus relativ wenig faßbar bleibt: „Es war, als hätte er nach und nach *alles,* was er zu sagen und zu schreiben imstande war, in das Reich seiner Dichtungen verlegt, [...] und wäre darüber in der Welt der Alltagssprache verstummt." (53)

Durch den Skandal, den eine Theateraufführung seines *Midas* hervorruft, wird er über die Literaturszene hinaus bekannt. Nasos Wunsch nach Popularität erfüllt sich dadurch, obwohl nun nicht mehr sein Werk, sondern er als Person im Vordergrund steht: „Sein Name erschien in den Klatschspalten. Als Hofnarr oder verruchter Aufputz der Anwesenheitsliste [...] wurde er nun geladen." (58) Je mehr Nasos Ruhm steigt, je weiter ihn sein gesellschaftlicher Aufstieg führt, desto bedrohter wird seine Literatenexistenz. *Die letzte Welt* läßt offen, ob Naso, verblendet von Ruhmgier, die Gefahren seines Aufstiegs nicht wahrnimmt oder ob er glaubt, daß seine dichterische Größe ihn unantastbar macht und er sich daher dieses Verhalten bei seiner Stellung in der Öffentlichkeit erlauben kann. Wie bereits in der Geschichte mit König Midas das Verhältnis zwischen Fiktion und Realität seiner Literatur vor allem in der Rezeption des Publikums zu Problemen führt, so noch mehr bei der Ansprache im Stadion. Unzweifelhaft trägt Naso einen fiktiven Text vor, der jedoch als Gleichnis für die römische Gesellschaft verstanden werden will und damit durchaus als verkappter Aufruf zur Veränderung dieses Systems verstanden werden kann und von den römischen Behörden auch so aufgefaßt wird. Unklar bleibt jedoch Nasos Intention. Er wird keineswegs als engagierter, gesellschaftskritischer Dichter vorgestellt, sondern als sehr auf seine eigene schriftstellerische Arbeit bezogener Autor. Naso ist zwar Nonkonformist, aber kein aktiver Oppositioneller. Auch die verhängnisvolle Rede im Stadion kann daher von seinen persönlichen Vorstellungen von seiner gesellschaftlichen Rolle als Dichter erklärt werden, ohne daß Naso direkte politische Ambitionen unterstellt werden müßten:

> Vielleicht hatte sich Naso in einem maßlosen Augenblick seines Lebens seinen Triumph so vorgestellt: Hoch im Sattel unter den Augen des gesamten Hofes und der versammelten Mächtigen des Reiches, hoch zu Pferd vor dem Imperator, und so Hufschlag für Hufschlag durch den Jubel von einhunderttausend, zweihunderttausend Begeisterten. Vielleicht war die Kulisse dieser Eröffnungsnacht tatsächlich die Erfüllung einer maßlosen Phantasie. (65 f.)

Und zur Erfüllung dieses Wunschtraumes von der Bedeutung als Dichter gehört dazu, daß Naso nicht als ein bestellter, die Erwartungen erfüllender Lobredner auftritt, sondern versucht, in poetischen Bildern dem Volk, zu dem er direkt zu sprechen erstmalig die Möglichkeit hat, seine Wahrheit von der römischen Gesellschaft vor Augen zu halten. Dazu gehört auch die Anrede „Bürger von Rom“ (60), mit der er „das römische Imperium […] verschwieg, vergaß!“ (60). In dieser Anrede, die in der hierarchischen Gesellschaftsordnung von Rom nur dem Kaiser zusteht, manifestiert sich wie in den Menhiren von Trachila der hohe Anspruch Nasos, der ihm dem Kaiser ebenbürtig, wenn nicht überlegen zu sein dünkt. In der gelenkten Massengesellschaft der Metropole hat Naso jedoch keine Chance, diesen Anspruch durchzusetzen.

Naso reagiert auf die Verbannung mit der „Vernichtung“ (20) seiner Schriften, vor allem des einzigen Exemplars der *Metamorphosen.* Es scheint so, als wollte er Rom für die Mißachtung seiner Person und seiner Literatur nun seinerseits bestrafen durch den Entzug der *Metamorphosen,* die er dann an der Peripherie zu Realität werden lassen kann.

Obwohl Tomi seiner Dichtkunst einen triumphalen Erfolg ermöglicht, bleibt sein Leben dort hart und einsam. Da Naso in Tomi immer wieder kleine Feuer schürt – eine ständige Erinnerung an das Schicksal seiner *Metamorphosen* und ein Anstoß, aus dem Buch zu erzählen –, hält man ihn zunächst für einen Brandstifter und vertreibt ihn deswegen nach Trachila. Später wird er als guter Erzähler akzeptiert: Man sei „gerne an seinen Feuern gesessen [...] und habe ihm zugehört, wenn er aus der Glut vorlas" (117), berichtet Echo.

Während Nasos Kontakt mit Rom immer spärlicher wird und der Briefwechsel mit seiner Frau dem „Prozeß der fortschreitenden Sprachlosigkeit" (134) unterworfen ist, gesellt sich mit Pythagoras in Tomi ein Schicksalsgenosse zu ihm, der zu seinem Diener und bedingungslosen Verehrer wird. Der Philosoph stellt in der *Letzten Welt* eine Parallelfigur zum Dichter dar. Ähnlich wie hinter Naso schemenhaft die historische Gestalt Ovids sichtbar bleibt, so bei ihm der antike griechische Philosoph Pythagoras. Er ist nicht nach Tomi verbannt worden, sondern hierher geflohen und erkennt in Naso nicht nur einen Leidensgenossen, sondern teilt sehr bald auch dessen politische und ethische Auffassungen, so daß er zum Vertrauten und Propagandisten Nasos wird.

4.2 Cotta: die Verwandlung eines Römers

4.2.1 Cottas Motivation zur Reise nach Tomi

Cotta ist die zentrale Gestalt der *Letzten Welt.* Durch ihn werden die verschiedenen Episoden und Erzählstränge zusammengehalten. Über sein Wahrnehmungsvermögen und sein Bewußtsein erhält der Leser meist Einblick in die Vorgänge in Tomi und Rom. Seine Suche nach Naso und den *Metamorphosen* trägt die Handlung. Über diese formalen Funktionen hinaus aber ist die Gestalt Cotta selbst vor allem in zweierlei Hinsicht interessant: die Motive für seine Reise nach Tomi und seine innere Wandlung in der „eisernen Stadt".

Um alle Gründe zu verstehen, die Cotta zu der Fahrt nach Tomi bewegen, muß man bis zu seiner ersten Begegnung mit

Naso zurückgehen. Cotta erlebt, noch als Jugendlicher, bei einem Festakt seiner Schule „starr vor Ehrfurcht“ (109) erstmals den berühmten Dichter. Bereits hier bahnt sich die besondere Bedeutung an, die Naso in Cottas Leben einnehmen wird:

> Noch Jahre nach der Festversammlung von San Lorenzo bewahrte Cotta dieses seltsam verklärte Bild Nasos als das unwandelbare, wie für immer aus der Zeit genommene Bild eines Dichters in seinem Gedächtnis. (110)

Cotta wird zu einem Bewunderer Nasos, der sich keine Gelegenheit nehmen läßt, dessen öffentlichem Auftreten beizuwohnen; daher ist Cotta auch bei seiner Ansprache im Stadion anwesend (143). Es ist jedoch mehr als nur Gefallen und Begeisterung an dessen Literatur, die Cotta an Ovid bindet. Die Erkenntnis von Nasos Grundidee *„keinem bleibt seine Gestalt“* (111) berührt ihn existentiell:

> Durch dieses Bewußtsein, das ihn noch in San Lorenzo mit einem ebenso pathetischen wie pubertären Weltschmerz erfüllt hatte, war Cotta schließlich jenem Kreis von Freunden des Dichters verwandt geworden, die Naso selbst in seinem Sturz bewunderten und nach seinem Verschwinden so beharrlich und hingebungsvoll in seinen verbotenen Büchern lasen. (111)

Der Sturz Nasos wird für Cotta zum überwältigenden Beweis der Instabilität jeder Existenz, der „alles vernichtenden, alles verwandelnden Vergänglichkeit“ (145). Ihm wird daran „zum erstenmal die federleichte Bauweise der Welt bewußt, die Anfälligkeit der zu Sand verfliegenden Gebirge“ (111). Nasos Dichtung und sein Schicksal werden ihm zum Schlüssel für die eigene Existenz.

Jedoch legt der Text Wert auf die Feststellung, daß Cotta – mit Ausnahme einer besonderen Intensität der Vergänglichkeitserkenntnis – „zum Kreis der vielen, die sich zu Nasos Bewunderern, ja Bekannten zählten,“ (145) gehört und keineswegs eine Ausnahmeerscheinung ist. Das Verhältnis zwischen Naso und Cotta bleibt völlig einseitig; erst am Tag der Verbannung betritt Cotta erstmals Nasos Wohnhaus. „Aber wirklich nahe, näher als andere, war Cotta weder dem Dichter noch seiner [...] Frau jemals gekommen.“ (145) Cottas Bewunderung für Naso spielt sicherlich eine Rolle bei seinem Entschluß, dem Dichter nach Tomi nachzureisen, aber dies ist nicht der ausschlaggebende Grund.

Cotta hängt, wie Naso, dem Traum vom Berühmtwerden nach. Sein Ehrgeiz, einmal „aus seiner Unscheinbarkeit" (145) und aus der „devoten, bis in die Schlafzimmer überwachten römischen Gesellschaft" (146) auszubrechen, ist ein wesentlicher Antrieb zu seiner illegalen Reise (als Verbannter durfte Naso nicht besucht werden). Mit gefälschten Papieren ist Cotta in der Terminologie der Behörden als „Staatsflüchtiger" (125) unterwegs; auch für diesen Ausbruch gilt: „Cotta war einer von vielen: In diesen Jahren der augusteischen Herrschaft verließen immer mehr Untertanen und Bürger Roms die Metropole, um der Apparatur der Macht zu entgehen." (124f.) Cotta aber will einmal in seinem Leben eine wichtige Rolle spielen. Als das Gerücht vom Tod Nasos in Rom die Runde macht, beschließt er, nach Tomi zu reisen. Er hofft auf einen „Triumph" (146), sollte es ihm gelingen, „noch vor einer Kommission der Behörde mit der unbezweifelbaren Wahrheit über Leben und Tod des Dichters aus der eisernen Stadt zurückzukehren, [...] vielleicht sogar mit einer neuen Fassung [...] der *Metamorphoses.*" (147).

Cotta erkennt auch die politische Bedeutung, die ihm dadurch zufallen würde. Er ist ein heimlicher Staatsgegner, der „eine verschwiegene, ausdruckslose Genugtuung" (144) bei jedem gelungenen Terroranschlag der Untergrundbewegung gegen Augustus empfindet. Als Oppositioneller aktiv wird er jedoch nie; er nimmt vielmehr eine Haltung der „inneren Emigration" ein und sieht wie viele andere, die „beharrlich und hingebungsvoll in seinen [Nasos] verbotenen Büchern lasen" (111), in dem Gedanken an Naso, „von der Behörde überwacht und geduldet" (145), bereits einen Akt des Widerstandes. Cotta träumt davon, mit Nasos *Metamorphosen* zurückzukehren und dann sowohl für die Oppositionsgruppen wie für den Staatsapparat eine höchst wichtige und umworbene Person zu sein: „Und er, *Cotta,* würde ganz nach seiner Wahl von den einen oder von den anderen die Anerkennung für die Wiederentdeckung einer großen Poesie fordern." (147)

Aber Cotta hat während der siebzehntägigen Schiffspassage genug Zeit, seine eigenen Intentionen zu reflektieren und in dieser Selbstanalyse über diese politischen Ambitionen und Heldenträume noch eine Stufe tiefer zu dringen. Ein gefährlicher Sturm zwingt ihn zu radikaler Ehrlichkeit:

> Erst in der quälenden Dauer eines Sturmes [...] und in der Angst um sein Leben, wurde Cotta allmählich bewußt, daß er diese Rolle wie alles, was er in seinem Leben bisher getan hatte, aus Langeweile unternahm. (147)

Sein „Überdruß an der luxuriösen Behaglichkeit und Sicherheit einer römischen Existenz" (147), sein „Überdruß am Vermögen und der Fürsorglichkeit seiner über die Generationen träge und geschwätzig gewordenen Familie" (147) motivieren ihn, neben der Verehrung von Naso und der Aussicht, als berühmter Mann zurückzukehren, zu der Reise. Aber schon die stürmische Überfahrt demonstriert ihm den hohen Preis, den er für dieses Amüsement zahlen muß. Zugleich zeigt ihm dieses Erlebnis auch, daß er aus seinem römischen Erfahrungshorizont heraus nicht gewußt hat, auf was für ein Abenteuer er sich an der äußersten Peripherie einläßt.

Cotta ist „einer von vielen" (124, 143), einer von den vielen saturierten und gelangweilten Wohlstandsbürgern. Er erscheint in der *Letzten Welt* als relativ typisierte, austauschbare Gestalt; entsprechend wenig erfährt man über seine Existenz in Rom mit Ausnahme seiner Beziehung zu Naso. Seine persönliche Biographie ist nicht berichtenswert, wohl aber der exemplarische Charakter seiner Expedition aus der römischen Welt „ans Ende der Welt" (73).

4.2.2 Zwischen Vernunft, Wahnsinn und Resignation: Cotta in Tomi

Die Suche Cottas nach Naso, als Spiel aus einer tiefen Langeweile heraus begonnen, erhält für Cotta immer größere Bedeutung und wird schließlich existentiell. Er wird mit einer ihm völlig fremden Welt konfrontiert, seine Wahrnehmungskategorien versagen gegenüber der neuen Wirklichkeit, gegenüber den rand-zivilisatorischen Verhältnissen in Tomi und noch viel mehr gegenüber den phantastischen Verwandlungen.

Unter den Eindrücken der fremden, unverständlichen, verstandeswidrigen Welt wandelt sich Cotta. Er kann den Zwiespalt zwischen seinen römischen Vernunftkategorien und den Ereignissen an diesem Ort nur aushalten, indem er aufgibt, die Rätsel lösen zu wollen. Daher versinkt er in immer tiefere Gleichgültigkeit, ehe ihm am Schluß die Zusammenhänge klar werden.

Cotta fühlt sich mehrmals in Gefahr, den Verstand zu verlieren. Bereits sein erster Besuch in Trachila und seine erste Begegnung mit Pythagoras verwirren ihn völlig:

> Aber schließlich begriff Cotta, daß er erzählte, um diesem wüsten Gerede aus dem Dunkel die Ordnung und die Vernunft einer vertrauten Welt entgegenzusetzen: Rom gegen die Unmöglichkeit eines Maulbeerbaumes im Schnee vor dem Fenster; Rom gegen die in der Einöde hockenden Steinmale, gegen die Verlassenheit von Trachila. (17 f.)

Jedoch versucht Cotta vergebens – der Text setzt hier bewußt die aufklärerische Lichtmetaphorik ein – in Trachila „Licht zu machen" (41) – Pythagoras, dem „verrückten Alten" (42), gelingt dies wenige Seiten später problemlos (46). Von Verwandlungsträumen zusätzlich psychisch angegriffen, flüchtet Cotta noch mitten in der Nacht aus Trachila, ohne an seinen Plan, Naso zu suchen, weiter zu denken: „Er mußte diesen Verrückten [Pythagoras] und Nasos Haus verlassen, bevor ihn diese furchtbare Einöde und der Verfall von Trachila auch am Tag verwirrten, umfingen und nicht mehr losließen." (82) Tomi erscheint ihm in diesem Moment als sicherer Ort. Der schwere Fieberanfall, den Cotta nach seiner Rückkehr in Tomi überstehen muß (98), hat seine Ursachen in den Erlebnissen und Alpträumen von Trachila.

Die Begegnung und das Zusammensein mit Echo stabilisieren für eine Weile Cottas Bewußtsein. Auf der einen Seite scheint sich mit ihr eine erfolgversprechende Spur zu den *Metamorphosen* und Naso zu eröffnen (148), auf der anderen Seite erweckt ihre Schönheit und ihre menschlichen Umgangsformen in Cotta Erinnerungen (104, 115) und Sehnsüchte nach Rom: „Aber allein diese Geste, Echos Bereitschaft, ihn zu halten, gab dem Taumelnden seine Sicherheit wieder." (114)

Zwischen der Gefährdung von Cottas römischer Vernunft und seiner Einschätzung der Chancen, Naso und die *Metamorphosen* zu finden, besteht ein enger Zusammenhang. Glaubt sich Cotta seinem von Rom mitgebrachten und auf Rom ausgerichteten Ziel nahe, ist auch sein Geisteszustand nicht in Gefahr. Zweifel an der Erreichbarkeit seiner Wünsche sind umgekehrt mit einer Annäherung an den Wahnsinn verbunden. Am Ende jedoch –

und erst in dem Moment erreicht er, auf ganz andere Art, als geplant, sein Ziel – kehrt sich die Relation um.

Das mysteriöse Verschwinden Echos macht daher nicht nur sein Projekt einer Rekonstruktion des gesuchten Buches zunichte, sondern bringt auch wieder sein Vertrauen in die eigene Wahrnehmung und Interpretation der Wirklichkeit ins Wanken: „Rom war so fern, als wäre es nie gewesen und *Metamorphoses* – ein fremdes, sinnloses Wort." (189) Cotta folgt bei seiner weiteren Suche nur noch „einem längst erloschenen Ehrgeiz" (190), „er war müde. Er sehnte sich nicht mehr nach Geltung, nach Beifall." (190)

Aus dieser Haltung einer ständig zunehmenden Gleichgültigkeit allen Phänomenen gegenüber wird Cotta jedoch herausgerissen durch die Versteinerung des Battus:

> Grau und kalt stand Battus in Famas Laden, eine [...] Drohung, daß die Grenze zwischen Wirklichkeit und Traum vielleicht für immer verloren war. (221)

Tomi erscheint nun nicht mehr als der Ort, an dem sich Cotta im Unterschied zu Trachila vor Überraschungen sicher fühlen kann. Es zeigt sich, daß „er in eine Zwischenwelt geraten war, in der die Gesetze der Logik keine Gültigkeit mehr zu haben schienen, in der aber auch kein anderes Gesetz erkennbar wurde, das ihn hielt und vor dem Verrücktwerden schützen konnte" (220). Der Verlust aller Orientierungsmaßstäbe, der Verlust des Vertrauens, daß die wahrgenommene Wirklichkeit auch die reale ist, zwingen ihn erneut dazu, sich auf die Suche nach Naso zu machen; nun aber aus einem ganz existentiellen Grund: Cotta meint, daß nur Naso ihn „vor der Verrücktheit bewahren und aus seiner Verwirrung in die festgefügte Klarheit der römischen Vernunft zurückführen konnte" (223). Cotta fällt aber bei dieser Expedition seiner eigenen Wahrnehmung zum Opfer und sieht, was er sehen will: Pythagoras und Naso. Als er den Irrtum erkennt, zerbricht endgültig seine römische Vernunft in ihm: „Kein Zweifel, er mußte verrückt geworden sein." (240) Seine bisherigen Kategorien verfallen, Cotta wird nun bereit, alles zu akzeptieren, wie es kommt, ohne nach einer Ordnung, einer Logik zu fragen:

> Der quälende Widerspruch zwischen der Vernunft Roms und den unbegreiflichen Tatsachen des Schwarzen Meeres verfiel. Die Zeiten

> streiften ihre Namen ab, gingen ineinander über, durchdrangen einander. (241)

Die Hoffnung auf eine Klärung seiner Fragen gibt Cotta nun auf und verhält sich ebenso gleichgültig allen Geschehnissen gegenüber wie die anderen Bewohner von Tomi.

Erst nachdem Cotta seine römische Mentalität abgelegt hat, als er schon gar nicht mehr nach Antworten sucht, erkennt er das in Tomi gültige Prinzip, das wiederum und endgültig einen „Einsturz von Cottas Welt" (272) zur Folge hat. „Unsinnig heiter" (285), wie Cotta am Ende ist, erscheint er den Menschen von Tomi nun als „verrückt" (286). Er muß ihnen auch so vorkommen, da er nun Nasos Phantasie als eigentliches und tieferes Gestaltungsprinzip der Realität von Tomi erkannt hat und bereits selbst ganz in dieser „anderen" Wirklichkeit lebt: Er „hatte allein die Bilder vor Augen, die ihm die Inschriften auf seinen Lumpen verhießen: [...] Die Gassen waren Hohlwege [...] und ihre Bewohner in Steine verwandelt oder in Vögel, in Wölfe und leeren Hall." (286) Nicht mehr eine Rehabilitierung der Vernunft erwartet Cotta nun von Naso und den *Metamorphosen*, sondern die Ungültigkeit der Logik und die Macht der Phantasie Nasos erklären ihm nun die Welt; die Grenze zwischen Vernunft und Wahnsinn existiert nicht mehr.

Cotta hält lange an seiner römischen Vernunft als Modell zur Welterklärung fest. In allen anderen Bereichen wird er viel schneller in einem schleichenden Prozeß den Menschen von Tomi immer ähnlicher. Zunächst trifft sich seine Verwunderung über die dem Luxus Roms so kraß entgegengesetzte Welt von Tomi mit dem Mißtrauen der Bewohner gegen den Römer. Anfangs nimmt „kaum jemand von der Ankunft Cottas Notiz" (9). Zumindest nach außen hin zeigt niemand Interesse an ihm. Seine Beziehung mit Echo, die über alle Geheimnisse der Menschen Bescheid weiß, steigert das Mißtrauen ihm gegenüber noch: Ist er „der Beauftragte irgendeiner fernen Behörde, die den Stand der Dinge an dieser Küste zu prüfen hatte?" (123)

In der Nacht des Faschingsumzuges, in der eine betrunkene Horde Cotta Alkohol einflößt und damit die Stadt „ihn nun zum erstenmal angefaßt" (90) hat, wird er nun, „schmutzig und betäubt" (90), zum erstenmal, wenn auch nur vorübergehend, „einer von ihnen" (90). Nicht nur in diesem Fall zeigt sich die römische

Zivilisiertheit Cottas nur als dünne, schnell zusammenbrechende Oberfläche. Sein Verhalten Echo gegenüber manifestiert das deutlich. Obwohl ihre Bekanntschaft ihm als „die erste Begegnung mit einem menschlichen Wesen seit seiner Abreise aus Rom“ (115) vorkommt, handelt er ihr gegenüber nicht gerade menschlich, sondern wie ein „anspringendes Tier“ (150). Bezahlter Geschlechtsverkehr mit den Bewohnern von Tomi gehört zu den Existenzgrundlagen von Echo, die Vergewaltigung durch Cotta schockiert und verletzt sie jedoch zutiefst, da sie von ihm andere Umgangsformen erwartet:

> Sie [...] empfand, [...] daß Cotta nicht anders als ein Viehhirt oder Erzkocher der eisernen Stadt war, als irgendeiner ihrer Liebhaber, die sich aus der Alltäglichkeit zu ihr flüchteten, um im Schutz der Nacht zu verwildern. (150)

Auch die Männer von Tomi sehen in Cotta immer weniger den Spion, der Echos Kenntnisse aushorcht, als vielmehr „einen der ihren“: „Der da wollte von dem Weib in der Höhle das gleiche wie sie, wie jeder.“ (154) Da von Cotta keine Gefahr ausgeht, werden er und sein Verhältnis zu Echo den Menschen von Tomi nun „gleichgültig“ (161).

Aber auch Cotta wird durch die Erfolglosigkeit seiner Bemühungen von dem gleichen Gefühl der Indifferenz überwältigt: Er empfindet

> eine solche Gleichgültigkeit gegenüber allem, was ihn jemals bewegt und aus Rom in dieses Gebirge geführt hatte, daß er schon wie der Stein zu werden glaubte, an den er sich lehnte, grau, teilnahmslos, stumm, ausgesetzt allein den Kräften der Erosion und der Zeit. (189)

Hier nimmt Cotta sein zukünftiges Schicksal, seine endgültige, in der *Letzten Welt* nicht mehr ausgeführte Verwandlung vorweg. Vorläufig findet erst einmal die Metamorphose vom Römer zum Bewohner der Peripherie statt. So träumt er bereits davon, „zum Erzkocher geworden“ (190) zu sein.

> Cotta [hatte sich] so vollständig in das Leben der eisernen Stadt gefügt, daß er von ihren Bewohnern kaum noch zu unterscheiden war. Er kleidete sich wie sie, ahmte ihren Dialekt nach, und manchmal war es ihm sogar geglückt, die Unbegreiflichkeiten dieser Küste mit dem trägen Gleichmut eines Eingeborenen hinzunehmen. Briefe nach Rom schrieb er nun keine mehr. (220)

Mit jedem Scheitern einer Hoffnung, Naso zu finden, integriert sich Cotta mehr in Tomi. Nach der Rückkehr von seiner zweiten Exkursion nach Trachila und dem Verschwinden Lycaons übernimmt Cotta dessen Arbeit als Seiler und sogar dessen Gewohnheit, oft barfuß zu gehen (249): „Er wurde von den Erzkochern stillschweigend als der neue Herr dieses Hauses angesehen." (248) Die Entwicklung geht so weit, daß Cotta „allmählich selbst Rom vergaß" (271 f.). Weder der Glaube an eine Vernunft noch ein Bestreben nach Ordnung, ebensowenig die Urbanität und Zivilisiertheit ist Cotta geblieben. Jedoch auch seine Gleichmütigkeit als Bewohner von Tomi verändert sich noch einmal und wird zu Euphorie, als er Nasos verwandelndes Wirken erkennt. Nach seiner sukzessiven Metamorphose zum Tomi-Bewohner macht er sich zum Schluß auf den Weg, seine endgültige Verwandlung zu erfahren.

4.3 Die Menschen der „eisernen Stadt"

4.3.1 Gemeinsamkeiten

Der Text charakterisiert die Bewohner der „eisernen Stadt" nur holzschnittartig. Neben einigen Zügen, die beinahe allen gemeinsam sind, werden meist nur ein oder zwei individuelle Eigenarten zu ihrer jeweiligen Kennzeichnung angeführt.

Entscheidend für die anarchisch-archaische Lebenswelt Tomis ist, daß mit Ausnahme einiger Kinder alle mehr oder weniger zufällig (Thies durch den Krieg, Arachne durch ein Schiffsunglück, Tereus und Procne durch einen Bergsturz usw.) nach Tomi gekommen sind und sich allmählich, oft gegen ihre ursprünglichen Pläne (Tereus wollte nach Byzanz weiter (257), Phineus nach Afrika (258), Proserpina nach Rom (265)), dort etabliert haben: „Wer immer sich in den Ruinen, Höhlen und verwitterten Steinhäusern Tomis heimisch gemacht hatte, kam selbst aus der Fremde." (256) Eine bunt zusammengewürfelte Schar lebt in Tomi nebeneinander, ohne sich umeinander zu kümmern. Obwohl der Ort doch am Ende der Welt liegt, erhält er geradezu den Charakter einer Transitstation:

> In Famas Gerede war die eiserne Stadt bloß ein Durchgangslager, in das man durch unglückliche Verkettungen und Fügungen des Schicksals geriet, um dann hier wie in einer Strafkolonie zwischen Ruinen zu leben, bis man von der Zeit oder einem Zufall aus dieser Wildnis befreit wurde oder einfach verschwand wie Echo, wie Lycaon und so viele vor ihnen. (256)

Wie der Leser zu diesem Zeitpunkt bereits ahnt, bedeutet dieser Übergang mehr als nur eine räumliche Veränderung, sondern eine Wesensveränderung, eine Transsubstantiation vom Menschen zu Steinen, Vögeln oder Nachhall.

Ein zweites Merkmal kennzeichnet alle Bewohner von Tomi: die Gleichgültigkeit, mit der nach kurzer Zeit selbst die größten Sensationen hingenommen werden:

> Das Entsetzen über dieses nie gesehene Ungeziefer war nur von kurzer Dauer: Tomi, vom raschen Wechsel der Zeiten und der Hitze erschöpft, begann sich mit den neuen Plagen abzufinden wie zuvor mit dem Prunk der Vegetation und den Wärmegewittern. (200)

So erregte Cotta bald keine Aufmerksamkeit mehr, das Verschwinden von Echo wundert niemanden (179), das Episkop kann gerade einen Monat ein Publikum faszinieren (212), und sogar die Versteinerung von Battus „trat allmählich zurück ins Gewöhnliche, in die Blässe der Erinnerung, wurde zur Legende und dann ebenso vergessen wie das Schicksal aller Bewohner dieser Küste“ (217). „Noch in der ersten Stunde der Gewöhnung schien dieser Stadt auch das Fremdeste schon wieder gleichgültig zu werden.“ (201) Dies zeigt sich ebenso an dem Desinteresse am Schicksal anderer Menschen. Wie bei der Integration Cottas in den Horizont von Tomi dargestellt, ist diese Gleichgültigkeit überlebensnotwendig angesichts der vielen unglaublichen Geschehnisse. Vor der Folie der Menschen von Tomi macht Cotta den ganz normalen Prozeß der Eingliederung durch, den alle anderen bereits hinter sich haben und der ihm als ehemaligen Metropolenbewohner etwas schwerer fällt. Aus dem Gleichmut, mit dem das entbehrungsreiche und häßliche Leben in Tomi ertragen wird, fällt nur die „Sehnsucht“ (201) nach Cyparis und seinen Filmen heraus (vgl. Kap. 5.4.2).

4.3.2
Tereus und Procne als Extrembeispiele des vorherrschenden Typus

Tereus verkörpert in einer zugespitzten Weise den Durchschnittsmann von Tomi. Wie alle Bewohner ist er nicht in Tomi geboren, sondern zufällig dort hängengeblieben. Seine Gleichgültigkeit gegenüber dem Leid und Schicksal anderer Menschen wird nur durch seine Brutalität durchbrochen. Er gilt als „jähzornig" (29) und duldet keinen Widerspruch und keine Störung. So wirft er den besinnungslosen Marsyas, dessen Herumkrakeelen ihm auf die Nerven geht, in einen Brunnen, ohne sich darum zu kümmern, ob er dabei umkommt. Er ist nicht in der Lage, über seine Handlungen und Gefühle zu reflektieren; es fehlt ihm jede Triebkontrolle, wie die Verstümmelung und Vergewaltigung seiner Schwägerin beweisen. Dumpfe Gewaltanwendungen sind beinahe seine einzige Möglichkeit, mit seiner Umwelt in Kontakt zu treten. Dementsprechend behandelt er auch seine Frau:

> Tereus schlug sie oft wortlos und ohne Zorn wie ein ihm zur Schlachtung anvertrautes Tier, so als diente jeder Schlag allein dem Zweck, einen kümmerlichen Rest ihres Willens und den Ekel zu betäuben, den sie vor ihm empfand. (30)

Allein seinem Sohn Itys gegenüber ist er zu anderen Gefühlen fähig. Daher tötet Procne ihn, da sie weiß, daß dies die einzige Stelle ist, an der sie ihn wirklich treffen und sich und ihre Schwester rächen kann. Niemand in Tomi versucht, den Mord an Itys[6] und die Rache des Tereus zu verhindern: „Wie die Wildnis teilnahmslos aus hundert Augen ein Raubtier seine Beute jagen sieht, sah Tomi den Schlachter auf der Spur seiner Frau, die schon verloren war." (282)

Bei dem Faschingsumzug verkleidet er sich als Apollon (92), als Gott der schönen Künste und der Harmonie; dem Wesen von keinem der Bewohner von Tomi wäre der Musengott ferner gewesen als Tereus; darin liegt wohl der Zusammenhang zwischen Tereus und seiner Maskerade. Am Ende verwandelt sich Tereus in einen Wiedehopf, ohne daß zwischen seinem vorherigen Wesen und der umgewandelten Form ein Zusammenhang erkennbar wäre.

Bereitschaft zur Gewalttätigkeit, Kommunikationslosigkeit und unreflektiertes Dahinleben kennzeichnen auch viele andere

Gestalten aus Tomi; unter den ein wenig ausführlicher besprochenen Figuren der *Letzten Welt* etwa Marsyas und Phineus.

Procne, die Frau von Tereus, läßt sich als Komplementärfigur zu Tereus bezeichnen und als typische Vertreterin der Frauen im Ort. Sie findet sich mit ihrem Leben ab und erträgt alles Leid, die Gewalttätigkeit ihres Mannes, in schicksalsergebener Passivität: „Kränklich und ohne Klagen begleitete sie ihren Gemahl durch ein häßliches Leben und tat, was er von ihr verlangte." (30) Ihre „zunehmende Dickleibigkeit" (30) schützt ihr Wesen „vor der Gewalt der Welt und Tereus' Haß" (88). Erst als sie sieht, was ihr Mann ihrer Schwester angetan hat, wird sie vom Opfer zur Täterin und ermordet ihren Sohn.

In ihrer Verwandlung in eine Schwalbe (284) läßt sich durchaus ein Prinzip erkennen, das auch etliche andere Metamorphosen organisiert: Sie wird aus ihrer qualvollen Existenz befreit und zu einem Wesen, das zumindest in der allgemeinsprachlichen Vogelmetaphorik ihrem eigentlichen Wesenskern entspricht. Die aus Leid an der Welt dick und unförmig gewordene Procne wird, wie sie in ihrer Jugend gewesen war, zu einem schnellen, schlanken Vogel, zu einer Schwalbe.

5
Thematik

5.1
„Die letzte Welt“: Mehrdeutigkeit des Titels

Der Titel des Romans weist auf die verschiedenen thematischen Aspekte des Texts voraus, die sich inhaltlich überlappen und in einem inneren Zusammenhang stehen, hier jedoch zum Zweck der Analyse getrennt aufbereitet werden sollen.

Zunächst steht auch der Titel im Zusammenhang mit der antiken Grundlage seines Romans. Ovid schreibt zu Beginn seiner *Tristien,* seiner Klagebriefe aus dem Exil: „Nobis habitabitur orbis ultimus“ („Am Ende der Welt werde ich wohnen“).[7] Dieses in der Übertragung auf eine geographische Aussage festgelegte „ultimus“ läßt sich aber auch, wie Ransmayr das tut, als „letzte Welt“ übersetzen.

Als Angabe des Raumes bezieht sich der Titel auf den im Roman entfalteten Gegensatz zwischen Metropole und Peripherie mit den weitreichenden Konsequenzen (vgl. Kap. 2.2). Als Zeitangabe erweckt er apokalyptische Konnotationen. Katastrophen und Menschheitsuntergänge – partiell und global – sind denn auch ein wichtiges Thema der *Letzten Welt.* Das Attribut „letzte“ kann aber auch als Werturteil verstanden werden: *Die letzte Welt* als die schlechteste aller Welten, im Widerspruch zu dem berühmten, optimistischen Diktum Leibniz’ von der „besten aller möglichen Welten“; der Titel verriete dann bereits im Widerspruch zu dem Optimisten und Rationalisten Leibniz die von Vernunft- und Zivilisationskritik geprägte philosophische Grundposition Ransmayrs.

5.2
Individuum und Gesellschaft

5.2.1
Staatsapparat und Massengesellschaft

Mit Naso, dem exzentrischen, ganz in seiner Literatur lebenden Außenseiter, und Cotta, dem gelangweilten Durchschnittstyp der gehobenen Schicht, dem die Literatur Nasos zu einer Art Lebensersatz wird, zeigt der Roman zwei Einzelschicksale aus der Welt der Metropole auf. Für die römische Gesellschaft ist kennzeichnend, daß beide Rom verlassen müssen: Naso, der als Individualist gegen die Regeln des Systems verstoßen hat, und Cotta, sobald er zum erstenmal ein ganz persönliches Unternehmen beginnt. Individuelle Regungen und persönliche Selbstverwirklichung sind in der Metropole unerwünscht und werden nur in einem eng begrenzten Rahmen geduldet. „Allgegenwärtige Überwachung", „monotones Geplärre vaterländischer Parolen", die „Langeweile eines bis in die lächerlichsten Pflichten vorgeschriebenen Staatsbürgertums" (125) und eine Kontrolle „bis in die Schlafzimmer" (146) prägen statt dessen das Alltagsleben.

Der römische Staat der *Letzten Welt* ist zweifellos eine gut organisierte Diktatur. Jedoch wird die brutale, offen militärische Gewalt des Staatsapparates nur in Ausnahmefällen, etwa gegen die Untergrundbewegungen oder an den Grenzen gegen die Staatsflüchtigen (144), eingesetzt. In der Regel haben die Behörden die Gesellschaft unter Kontrolle. Luxus, soziale Fürsorge, Ablenkungsspektakel in den großen Stadien, die behördlichen Gesetze und Vorschriften sowie die Staats- und Herrscherideologie (Herrscher als Gott (135), Verehrungspflicht (61)) schaffen die nötige Massenloyalität gegenüber dem Staat. Hinzu kommt, daß die Sozialdisziplinierung der römischen Bevölkerung bereits soweit fortgeschritten, die Staatskontrolle so weit verinnerlicht ist, daß das Herrschaftssystem einen hohen Grad an Stabilität erreicht hat. „Archaische ungebändigte Leidenschaften" (93) sind daher dieser Gesellschaft ebenso fremd wie Phantasieprodukte; Nasos Werke werden (vgl. Kap. 5.4.1) daher von der Bevölkerung meist mißverstanden und von der Behörde mißtrauisch als „die letzten Zeichen einer schwindenden Vorstellungskraft" (93) überwacht.

Ransmayrs Staats- und Gesellschaftsmodell übernimmt zwar einzelne Momente und Begriffe aus der Antike, es entspricht aber, ohne sich auf einen konkreten Staat zu beziehen, der modernen und auch noch aktuellen Organisationsform „rationaler" Diktaturen, die „vernünftig" genug sind, Formen einer ungefährlichen Opposition, die den Unmut kanalisiert und auch leichter überwacht werden kann, zuzulassen. Das Römische Reich der *Letzten Welt* ist kein willkürliches Terrorregime, aber ein organisierter Überwachungsstaat mit einer schwerfälligen, aber routinierten, unbeirrbaren und diktatorischen Bürokratie (Naso wird etwa ohne jede Anhörung und ohne jedes Gerichtsverfahren verbannt). In den „Staatsflüchtigen" (125) werden die Konturen moderner „Aussteiger" sichtbar, wie sich in den Untergrundbewegungen der Terrorismus spiegelt.

Das Leben jedes Bürgers, so zumindest die behördliche Idealvorstellung, wird von oben, von der Spitze der Hierarchie aus, bestimmt. Eigeninitiative und Kreativität stehen, wie man an Naso sieht, stets im Verdacht der Subversion. Nur was von oben angeordnet ist, kann auch kontrolliert und organisiert werden. An der Spitze der Hierarchie steht der Imperator, der mit Hilfe eines gigantischen Apparates die Gesellschaft lenkt. Auf diese Weise bildet sich eine normierte Massengesellschaft heraus, deren entmündigenden und totalitären Charakter und deren sublime Disziplinierungsmechanismen nur mehr die wenigsten erkennen. Bei der Eröffnung des Stadions manifestiert sich dieser Massencharakter der Gesellschaft deutlich: „Nach den Kommandos einer Schar von Zeremonienmeistern" verwandelte „sich das Volk von Rom unter den Augen des Imperators in ein einziges, brennendes, rasendes Muster" (60). Naso versucht in seiner Rede, durch das Gleichnis von der Pest und den neuen Menschen von Aegina in den Köpfen der Zuhörer ein einprägsames Bild und ein Bewußtsein von ihrer Situation zu wecken:

> Es war willig und ohne Fragen und folgte den neuen Herrschern [...] in die Triumphe wie in das Elend der Zeit, ohne Murren durch das Eis der Alpen, über die Meere und durch die Wüsten, in Kriege, Eroberungszüge und selbst ins Feuer; es war ein starkes, genügsames Volk, das zu einem Heer von Arbeitern wurde, wo Gräben zu ziehen, Mauern zu schleifen und Brücken zu schlagen waren; in Zeiten des Kampfes wurde dieses Volk zu Kriegern, in denen der Niederlage zu Sklaven und im Sieg zu Herren und blieb durch alle Verwandlungen doch beherrschbar wie kein anderes Geschlecht. (64)

Die Reaktion auf Nasos Rede bestätigt seine Charakterisierung noch einmal: „Das Volk johlte; aber die Begeisterung war Vorschrift und galt weder dem Dichter noch den verhallten Reden." (66) Naso erreicht mit seinen Gedanken das Bewußtsein der Zuhörer nicht. Das einzige, was er in Bewegung bringt, ist der „unendlich fein übersetzte Staatsapparat" (68).

Das Staatssystem erscheint unwandelbar und auf Ewigkeit gefügt, frei von allem Persönlichen, Emotionalen, Phantastischen. Selbst die Herrschergestalten sind austauschbar (135), namensgleich und dienen nur als oberste Funktion der Behörde. Es gibt zwar Unzufriedenheit, Langeweile und Verzweiflung im Inneren, aber ohne Chance, politisch wirksam zu werden. Die Untergrundbewegungen können nur durch Anschläge auf sich aufmerksam machen und ihre fehlenden politischen Perspektiven durch individuellen Terror kompensieren. Als individuelle Strategie erfolgreicher ist die Flucht. Die Stärke des Systems nimmt nach außen immer weiter ab und endet an der Peripherie. Daher versuchen viele, dem Herrschaftssystem zu entkommen:

> Weitab von der Symmetrie eines geordneten Lebens suchten sie irgendwo an den verwildernden Grenzen des Imperiums nach ihrer Selbstbestimmung oder auch den Bildern einer romantischen Phantasie, vor allem aber nach einem Leben ohne Aufsicht. (125)

Die Reglementierung des Lebens in Rom erscheint ihnen schlimmer als alle Kulturlosigkeit, Mühe und Verzicht auf Luxus und Sicherheit an den Rändern. Dort entstehen aber keine idyllischen Alternativgesellschaften, sondern bilden sich Gemeinden wie Tomi; die wenigsten sind auf dieses Leben ohne Schutz vorbereitet und können es auf Dauer aushalten: sie „verschwanden schließlich in der Wildnis, starben an Erschöpfung oder unter den Prügeln archaischer Kulturen" (125). Es gibt – außer dem Bewußtsein, daß auch dieses System im Lauf der Zeit zerfallen wird – keine positive Alternative, keinen dritten Weg zwischen dem entwürdigenden Leben unter dem diktatorischen Staatsapparat und der selbstzerstörerischen Flucht aus dem Machtbereich in die Wildnis oder in den Untergrund.

5.2.2 Ransmayrs düstere Anthropologie

Der kritische Unterton an Ransmayrs Beschreibung der disziplinierten und nivellierten römischen Gesellschaft ist unüberhörbar. Die Sympathie des Autors gehört nicht dem auf das Nashorn und den Pfuhl starrenden Imperator, sondern dem orientierungs- und hilflos in Tomi umherirrenden Cotta und noch mehr der Phantasie Nasos. Dennoch erfährt indirekt der römische Überwachungsstaat eine gewisse Legitimation durch das negative Menschenbild, das Ransmayr der *Letzten Welt* zugrunde legt, das aber auch – und daher ist der direkte Rückbezug auf den Autor statthaft – in fast allen seinen vorhergegangenen Texten zum Thema wird.[8] Die historische Rechtfertigung der Befriedung der römischen Gesellschaft nach einem Jahrhundert der Bürgerkriege führt *Die letzte Welt* nicht an. Aber die Anthropologie des Romans, am deutlichsten von Thies verbalisiert, ist die klassische Rechtfertigung des starken, seine Untertanen bändigenden Staates. Ihr Fazit deckt sich mit der „Banalität", die „alles enthielt, was er [Thies] erlebt und was die Welt ihm gezeigt hatte, der *Mensch ist dem Menschen ein Wolf.* (266) Die Menschen von Tomi, etwa eine Figur wie Tereus, machen deutlich, wie eine Gesellschaft ohne das rigide staatliche Reglement aussähe. Auch an Cottas rascher „Verwilderung" und vor allem an seinem Verhalten gegenüber Echo zeigt sich, wie dünn der zivilisatorische Firnis ist, wie schnell der Roman selbst bei einem kultivierten Menschen wie Cotta das „Tier" (150) durchbrechen sieht. Längst sind die utopischen Zeitalter in der ovidischen Chronologie der *Metamorphosen*, vom goldenen an über das silberne und das eherne absteigend, vorbei.[9] Die Bezeichnung „eiserne Stadt" für Tomi hat über ihren realen Gehalt als Grubenstadt hinaus einen metaphorischen Sinn. Sie kennzeichnet auch das Zeitalter, in dem der Roman spielt und das Verhalten seiner Menschen. Und die Aufhebung der Chronologie macht deutlich, daß das „eiserne Zeitalter" durchaus bis in die Gegenwart fortdauert.

Jedoch stellt sich *Die letzte Welt* außerhalb der Alternative: wölfisches Chaos gegen unterdrückende Ordnung. Denn beide Dimensionen eröffnen keine positiven Existenzmöglichkeiten. Durch die staatliche „Zähmung" geht die Humanität des Daseins (siehe das Gleichnis Nasos von den Ameisenmenschen) ebenso verloren wie durch die Selbstzerfleischung. Der „Wolfscharakter" des Menschen überträgt sich im ersten Fall auf den Staat, nur mit „wölfischen" Methoden kann er die Menschen in Schach halten – in einer Gesamtbilanz ist dadurch aber nichts gewonnen. Der Text propagiert hier einen anderen „Ausweg" (vgl. Kap. 5.3).

Der Roman führt immer wieder persönliche und historische Erfahrungen für seine Anthropologie auf. So muß sich Pythagoras, anfangs gesellschaftspolitischer Optimist und Utopist, von den Ereignissen eines Besseren belehren lassen:

> Er [...] schwärmte von der Kraft der Zeit, die nicht nur den Despoten dieser Insel, sondern alle Herrschaft von Menschen über Menschen zermürben und in heitere Gemeinsamkeit verwandeln werde. Aber die Briefe und Zeitungsblätter, die ihn im Lauf der Jahre erreichten, widerlegten ihn. (251)

Denn die Zeit, die sonst in der *Letzten Welt* alles verändert, bleibt gegenüber der negativen Grundkonstanz des menschlichen Wesens wirkungslos. Die Anthropologie ist zeitlos gültig. Daher fühlt sich Ransmayr auch berechtigt, mit den Erlebnissen des Deutschen Thies eine höchste Steigerung des Grauens in seinen Roman einzubeziehen, die sich historisch eindeutig auf die Judenvernichtung im Zweiten Weltkrieg bezieht. Diese Tat dient Ransmayr zum eindringlichen Beweis für seinen Pessimismus. In Extremsituationen zeigt sich das wahre Wesen: Der Roman bezeichnet daher die Pyramide übereinander gekrochener, vergaster Menschen, die Thies jedesmal vor Augen hat, wenn er die Türen der Gaskammer wieder öffnet, und die den brutalen Kampf um einige Sekunden Leben erahnen lassen, als „den schrecklichen Anblick der Menschheit" (261), als „die Ordnung der Menschheit" (262). Thies ist davon überzeugt, „daß es keine Grausamkeit und keine Erniedrigung gab, die nicht jeder von ihnen in seinem Hunger, seiner Wut, Angst oder bloßen Dummheit verüben *und* erleiden konnte; jeder war zu allem fähig." (265) Es ist ein düsteres, aber auch relativ schlichtes und einseitiges Menschenbild, das einen Sozialdarwinismus am Werk und die Gesellschaft ausschließlich vom hemmungslosen Kampf um Überlebensvorteile geprägt sieht: „Als alle Speicher geleert und die Stalltiere geschlachtet waren, begannen sich die noch in der Stadt verbliebenen Bewohner selbst um das Brot zu schlagen und fielen übereinander her." (228 f.) Diese Erkenntnis, deren Gültigkeit für Extremsituationen nicht bezweifelbar ist, prägt das grundsätzliche Menschenbild der *Letzten Welt;* für sie steckt aber nicht potentiell ein „Wolf" in jedem Menschen, sondern jeder Mensch ist ein solches Tier. Daher kann der Roman die Verwandlung von Menschen in Mineralien oder Tiere auch mit Enthusiasmus in Szene setzen. Der Mensch wird nicht als ein humanes Wesen, sondern als Vertreter einer durch und durch negativen Gattung angesehen.

5.2.3 Vernunftkritik

Die menschliche Vernunft spielt im Roman, dies bedingt seine negative Anthropologie, als positive, konfliktlösende oder mäßigende Kraft keine Rolle. Weder dient sie dem individuellen Zurechtfinden in der verrätselten Welt, noch wirkt sie sich positiv auf die Organisierung der Gesellschaft aus. Vernunft steht in der *Letzten Welt* stets in negativem Zusammenhang. Mit ihr wird die Metropole, der Überwachungsstaat charakterisiert: Rom ist das „Reich [...] der Vernunft" (287). In Rom sind unter der Herrschaft des Augustus selbst die Mythen „zur Vernunft gebracht worden" (93). Vernunft ist in der *Letzten Welt* stets an Ordnung, Bürokratie und Herrschaft gekoppelt. Ransmayr verwendet einen sehr eng definierten Vernunft-Begriff: Es ist eine rein instrumentelle Vernunft, die ohne alle kritische oder reflektierende Kraft der Organisation und Durchsetzung von Herrschaft dient. „Vernunft" wird einseitig rationalistisch verstanden, und daher läßt sie sich in Gegensatz zu Mythen, Phantasie oder Imagination setzen.

Rationalistisch arbeitet auch der Staatsapparat. Die römische Wirklichkeit wird von ihm in Hunderten von Einzelinformationen aufgesplittert wahrgenommen und aus diesen Daten für den Imperator synthetisch „das Bild der Wirklichkeit" (67) zusammengefügt. Weder der Kaiser noch die Spitzen der Bürokratie erfahren die Wirklichkeit jemals persönlich und mit allen subjektiven Komponenten; sie ist stets zur Information zusammengefaßt oder als Akte aufgearbeitet. Auf diese synthetische Wirklichkeit reagiert der Kaiser und der Staatsapparat. Dies bedingt die Langsamkeit des Verwaltungsmechanismus und stellt eine Schwäche des Systems dar, da die Entscheidungszentren des Reiches sich darauf verlassen müssen, daß ihre zusammengesetzte Realität mit der tatsächlichen Wirklichkeit übereinstimmt. Ob sich daraus eine Bedrohung für das System entwickeln könnte, läßt der Roman offen.

Die Kraft der römischen Vernunft reicht nicht aus, Aggressivität und Destruktivität des Menschen zu bändigen. Sie versagt aber auch, als Cotta sie als Erkenntnisinstrument einsetzt, um die Wirklichkeit von Tomi zu verstehen. Die Vernunft taugt nicht zur Erkenntnis und Reflexion der Situation. Vielmehr erschwert sein Festhalten an dieser Vernunft ihm die Orientierung in Tomi und verhindert eine vorurteilslose Wahrnehmung (vgl. Kap. 3.2). Tomi ist eine „vernunftfreie Zone", in der Phantasie und Imagination an die Stelle der Rationalität getreten sind.

Ransmayrs Roman entwickelt sich in bezug auf das Verhältnis von Vernunft und Aufklärung in die entgegengesetzte Richtung von Ovids *Metamorphosen.* Bei Ovid finden die Verwandlungen ganz naturalistisch in einer mythischen Welt statt. Die Metamorphosen enden jedoch mit der Rede des Pythagoras, die auf reflektiertem Niveau sozusagen die Erklärung für Hunderte von mythologischen Verwandlungsgeschichten gibt und die den Wandel quasi naturwissenschaftlich zum Prinzip des Seins erklärt. „GROB GESPROCHEN führen die fünfzehn Bücher der Metamorphosen den Leser vom Mythos zur Aufklärung"[10], schreibt Ransmayer in seinem *Entwurf zu einem Roman* (vgl. Mat. 4). In seiner *Letzten Welt* ist Pythagoras ein murmelnder, halbverrückter Greis, von dem weder Cotta noch der Leser entscheidende Informationen erhalten. Der Olymp, der Götterberg der antiken Mythologie und der Ausgangspunkt so vieler Verwandlungssagen entsteht am Schluß des Romans: Auch dies ein deutlicher Hinweis darauf, daß sich in der *Letzten Welt* ein Ende der Vernunftherrschaft und ein Scheitern aller Aufklärungsbemühungen manifestiert – und diese Erkenntnisse vom Roman keineswegs bedauert werden. Schließlich wird Aufklärung mit Verödung der Phantasie (und die mythischen Erzählungen sind ein Teil von ihr) gleichgesetzt und Vernunft mit Unterdrückung (vgl. Kap. 9.2).

Das Verhältnis zwischen den *Metamorphosen* und der *Letzten Welt* im Umgang mit dem Mythos geht jedoch nicht einfach in dieser Umkehrung auf. Denn Ovid setzt die naturphilosophische Erklärung nicht „zur Aufklärung" gegen die mythischen Geschichten ein, sondern er gibt den Verwandlungssagen damit im nachhinein eine vernünftige Erklärung, die neben den mythischen Geschichten stehenbleibt und das Verknüpfungsprinzip des Epos legitimiert. Ovids Intentionen liegen nicht in einer Überwindung des Mythos, sondern in einer spielerischen Neukombination und ästhetisch innovativen Darstellung der bekannten und bereits literarisierten Geschichten.[11] Wie die starke Psychologisierung der (menschlichen wie göttlichen) Personendarstellungen zeigt, ist für Ovid der Mythos bereits völlig losgelöst von allen religiösen und kultischen Bedeutungen. Götter wie Menschen werden in sein ästhetisches Spiel einbezogen und unterliegen der ehrfurchtslosen Ironie des Autors.

So sehr auch Ransmayrs Roman einen artifiziell-spielerischen Charakter aufweist (vgl. Kap. 9.3), mit der Vernunftkritik ist es ihm ernst. Nicht nur wird explizite Vernunftkritik im Text betrieben und die Vernunft Cottas ad absurdum geführt, es gibt auch keine vernünftige Instanz mehr im Text, die für den Leser alles erklären und aufdecken würde. Ransmayr verabschiedet die Vernunft auch auf dieser Ebene.

5.3 Verfall, Untergang und Verwandlung als Zukunft der Menschheit

Der Titel des Romans deutet die Fülle der Endzeitvisionen bereits an, die den Text durchziehen. Der Untergang von einzelnen Menschen, von Städten und der ganzen Menschheit ist ein zentrales Thema der *Letzten Welt* sowohl auf der Ebene der Romanhandlung wie auch in immer wieder eingeschobenen Binnentexten. Dabei kommt sowohl die Vorstellung einer globalen Katastrophe zur Sprache wie ein allmähliches Zurücksinken der Zivilisation in Natur, eine Auflösung der Menschen und eine Verwandlung in Tiere, Pflanzen oder Steine.

Durch die raschen und extremen Klimawechsel in Tomi steht die Drohung einer Naturkatastrophe stets am Horizont. Im Zeitraffer scheinen hier die unterschiedlichen Befürchtungen moderner Klimaforscher ihren Niederschlag gefunden zu haben. Jedoch ist diese Verschärfung der klimatischen Lebensbedingungen in der *Letzten Welt* nicht Folge menschlicher Eingriffe, sondern erscheint eher als ein Zurückschlagen der Natur. Am Rand des Imperiums, an dem es keine staatliche Organisation gibt, die dem Vorstoß der Natur Widerstand leisten würde, zerfallen die menschlichen Anstrengungen, verwandelt sich Kulturlandschaft in Naturraum zurück: „Von den neunzig Häusern der Stadt standen damals schon viele leer; sie verfielen und verschwanden unter Kletterpflanzen und Moos. Ganze Häuserzeilen schienen allmählich wieder an das Küstengebirge zurückzufallen." (10) Die Bewohner von Tomi akzeptieren diese Vorgänge und versuchen sich stets den neuen Bedingungen anzupassen. Die Auflösung ihrer Siedlung und ihres Lebensraumes schreitet aber stetig voran, und das Ende von Tomi ist abzusehen. Dies weiß die Bevölkerung auch, da sie den Untergang der benachbarten Bergbaustadt Limyra als Mahnmal vor Augen hat. Dieser Ort wurde unter einem Bergrutsch begraben, nachdem alle Erze ausgebeutet waren (228 f.) Jede Klimaveränderung bewirkt neuen Verfall und Untergang. So sterben nach dem Winterende besonders viele Menschen in Tomi (98), im Sommer liegt „noch in der frischen Kühle nach Sonnenuntergang [...] der Gestank der Verwesung über der Küste" (120), und der feuchtwarme Herbst beschleunigt die Renaturierung der Stadt enorm. Der Roman beschreibt dies präzise an dem Haus des Seilers: „Meter um Meter seines Hauses überließ er der unbeirrbar vorrückenden Natur" (219); das Haus sinkt „allmählich wieder ins Dickicht zurück" (248), „Efeu umfing die Außenmauern und verdunkelte Fenster um Fenster" (248); Cotta muß das Obergeschoß dem „Schimmel", den „Hornissen" und den „Türkentauben" überlassen, die „von zerbrochenem Glas und leeren Fensterhöhlen magisch angezogen, Raum für Raum des Seilerhauses kolonisierten" (268). Der Verfall menschlicher Produkte ist in Tomi allgegenwärtig. Das Gebirge, Pflanzen und Tiere, der Rost setzen ihnen immer stärker zu. Pythagoras deutet an, daß dieser schleichende Verfall Tomis kein Einzelschicksal am Rand der bewohnten Welt ist, sondern hier nur die Zukunft der Welt vorweggenommen wird, daß also auch die Zentren des wehrhaften, äußerlich stabilen römischen Imperiums den gleichen Weg gehen werden:

> In Tomi werde das Ende der Welt doch deutlicher sichtbar [...]. In diesen Ruinen, diesen verrauchten, verwilderten Gassen und brachliegenden Feldern, [...] in jedem Winkel und Grunzlaut Tomis sei die Zukunft doch bereits hörbar, sichtbar, greifbar. [...] Im nächstbesten Jauchetümpel der eisernen Stadt spiegle sich doch die Zukunft bereits, jeder Tümpel ein Fenster in die von der Zeit verwüstete Welt. (188 f.)

Dieses Zurückfallen an die Natur entspricht dem Verwandlungsprinzip. Auf lange Sicht sind der Mensch und die von ihm geschaffene Kultur der Gesetzmäßigkeit der Veränderung allen Seins unterlegen. Dieser Untergang der Menschheit entspricht keiner apokalyptischen und selbstverschuldeten Horrorvision, sondern den Prinzipien des Daseins. Auch die Natur, Pflanzen, Vögel, selbst Steine sind dem Prozeß der Veränderung, des Zerfallens unterworfen:

> Ich bitte Sie zu bedenken, daß die Zukunft auch der belebtesten Landschaft *Wüste* heißt; die Zukunft auch der schroffsten Erhebung *Ebene,* und die Zukunft selbst der bizarrsten Existenzen der Kohlenwasserstoffwelt, die sich jetzt noch ebenso blind wie ungestüm um Beständigkeit und Nachkommen bemühen – verschwinden.[12]

So beschreibt Ransmayr in seinem ersten Text die Entwicklung der Welt. Diese Gesetzmäßigkeit, die abgeleitet scheint von dem thermodynamischen Lehrsatz der unumkehrbaren Umwandlung von Energie in Wärme und dem Modell eines unabänderlichen „Energietods" der Erde, der Entropie, trifft ebenso auf die *Letzte Welt* zu. *„Keinem bleibt seine Gestalt"* (15) ist der von den *Metamorphosen* übernommene Schlüsselsatz der *Letzten Welt.* Cotta liest ihn auf einem Stoffetzen bei seinem ersten Gang nach Trachila. Aber auch die Krämerin Fama kommt zu einer parallelen Welterkenntnis. Sie „sprach mit wachsender Bitterkeit von der Welt, die sich auch mit aller Kraft nicht halten und nicht bewahren ließ. Was kam, verging." (259) Diesem Grundprinzip kann auch das römische Imperium nicht ausweichen. Die Sucht nach Ewigkeit, das Bemühen um Stabilität muß unerfüllte Illusion bleiben.

Mit Ausnahme des Wolfscharakters des Menschen beziehen die Veränderungsprozesse in der *Letzten Welt* alles ein. So wird für Cotta der Sturz Nasos zum Symbol für die Unstetigkeit aller Dinge:

> Mußten dann nicht auch in den prunkvollsten Palästen der Residenz schon die Umrisse der Schutthaufen erkennbar werden, zu denen sie im Flug der Zeit wieder zerfallen würden? und erkennbar in den Blütenwolken der Gärten und Parks schon das Gleißen künftiger Wüsten und noch in den unbekümmerten oder begeisterten Mienen des Komödien- und Zirkuspublikums die Blässe des Todes. (110 f.)

Dies führt in dem Roman nicht zu einem Gefühl der Trauer und der Klage über die Nichtigkeit des Daseins, sondern erscheint als ein Zurechtrücken der überzogenen anthropozentrischen Weltsicht der Gegenwart. Nasos Credo lautet:

> Auch wenn eine Klippe unter der Zerstörungskraft der Verwitterung, der nagenden und schabenden Jahrtausende oder der Glut des Erdkernes schmelze, zerfalle, zerstäube und sich neu bilde wie irgendeine beliebige Gestalt der organischen Welt, so würde doch schon der gewöhnlichste Kiesel jedes Imperium und jeden Eroberer unvorstellbar lange überdauern und noch friedlich im Schatten einer Kluft [...] liegen, wenn alle Paläste eines Reiches längst verfallen, die Dynastien verwest und die schimmernden Mosaikböden eines Thronsaales haushoch von Erde bedeckt wären. (157 f.)

„Die Ruhe und Unvergänglichkeit einer Basaltsäule" (157) kann so über die „armselige Flüchtigkeit seiner [Nasos] eigenen Existenz" (157) hinwegtrösten: „Vor der ungeheueren Masse dieses Gebirges hatte nichts Bestand und Bedeutung, was nicht selbst Fels war." (189) Das Verschwinden des Menschen und seiner Kultur wird begrüßt und akzeptiert. Die Verwandlungen in Vögel oder in Steine werden als Befreiung und Erlösung begriffen:

> Wie tröstlich und menschenwürdig sei doch das Schicksal der Versteinerung gegen den ekelerregenden, stinkenden [...] Prozeß des organischen Verfalls, habe Naso gesagt; gegen diese Widerlichkeit erscheine die Versteinerung geradezu als Erlösung, als grauer Weg ins Paradies der Halden. (158)

„Selbst den Tieren bleibt in diesen Geschichten nur die Versteinerung als Weg aus dem Chaos des Lebens." (156) Echo vermittelt Nasos Botschaft „von einem Paradies der Halden und Kare" (220), in dem die „unangreifbare[n] Würde des Steins" (220 f.) zur Geltung käme, gegen den „meteoritenhaften, verwehenden Prunk des organischen Lebens" (220).

Die düstere Anthropologie erfährt ihre Fortsetzung in der Bereitwilligkeit, mit der die menschliche Existenz aufgegeben wird. Dies ist von dem Standpunkt des Menschenbildes der *Letzten Welt* her gesehen auch nur konsequent. So paradox Nasos Bemerkung von der Menschlichkeit der Versteinerung auf den ersten Blick klingen mag, so wird durch sie der Mensch doch von einer Existenzweise erlöst, die weder in Tomi noch in Rom das Prädikat „human" verdient. Die Phantasie Nasos bemüht sich daher auch nach Kräften, dieses „Humanisierungsprogramm" einzulösen und die anfänglich in Form von Metapher und Vergleich vorausdeutenden Bilder des Romans in der Realität einzulösen: „Wer an dieser Küste lebte, der lebte und starb im Verborgenen unter den Steinen wie eine Assel. [...] Im Dunst wurden sie eins mit der grauen Küste.“ (13 f.)

Tatsächlich haben viele, nicht alle der als real vollzogenen oder in Erzählungen oder Filmen berichteten Verwandlungen durchaus positiven Charakter, ja entsprechen den Sehnsüchten der Verwandelten. So wird der von Krämpfen und Zuckungen geplagte Battus in die Ruhe und Stabilität eines Steines versetzt, die zungenlose Philomela zur Schwalbe, die korpulente Procne zur zierlichen Nachtigall. Der Liliputaner Cyparis

> sehnte sich [...] nach Schlankheit, Größe und Erhabenheit. [...] Manchmal schlief er [...] über solchen Sehnsüchten ein und [...] träumte, daß er Moos auf seiner harten, rissigen Haut trug. Dann sprangen ihm an den Füßen die Nägel auf, und aus seinen krummen Beinen krochen Wurzeln. (24 f.)

Die *Letzte Welt* kennt aber nicht nur den allmählichen Verfall, der eigentlich nur eine langsame Form der Metamorphose ist, und die spontane, sofortige Verwandlung eines Menschen, sondern auch das apokalyptische Szenario. Von Naso werden zwei Weltuntergangsvisionen übermittelt, die – lokal begrenzte – Pest auf der Insel Aegina und die Geschichte von der Sintflut. Ist der erste Untergang vor allem als Gleichnis auf das römische Volk bezogen, so beansprucht die zweite Geschichte umfassende Geltung als eine „Geschichte des bevorstehenden Untergangs der Menschheit“ (162), als eine „Offenbarung der Zukunft“ (162):

> Der Untergang! schrie Echo, das Ende der wölfischen Menschheit – Naso habe die katastrophale Zukunft wie kein anderer erkannt. (162)

Ein „hundertjähriger Wolkenbruch“ (162) werde die Erde „reinwaschen“ (162), bis die „tote, grüne Stille des Grundes [...] schwer und glasig über dem Wasser“ (164) liegt. Diese von Naso prognostizierte Katastrophe ist nicht Folge von Naturphänomenen, sondern hat ihren Ursprung bei den Menschen: „An seiner wölfischen Gier, seiner Blödheit und Herrschsucht“ (169) werde das Menschengeschlecht zugrunde gehen, überliefert Echo Nasos Worte, ohne daß dieser Zusammenhang näher ausgeführt wird.

Beide Erzählungen Nasos weisen eine verwandte Struktur auf, die auch der biblischen Apokalypse wie den mythischen wie biblischen Sintflutberichten entspricht: An die aufgrund ihrer moralischen Schlechtigkeit verdiente Katastrophe der alten Menschheit schließt sich ein Neuanfang an, der nun nach dem reinigenden Untergang mit veränderter Gesinnung erfolgt. Allerdings gibt es bei Ransmayr keine strafende Instanz, sondern die Menschen sind selbst für die Katastrophe verantwortlich. So wandeln sich die Pesttoten von Aegina zu Ameisenmenschen, und „nach der Vollendung des Weltuntergangs“ (165) bleiben, ob nur zum vordergründigen Trost für seine Zuhörer oder als Bestandteil der Zukunftsvision, läßt der Text bewußt offen, mit Deucalion und Pyrrha zwei Menschen übrig, die zu den Eltern eines neuen, steinernen Menschengeschlechts werden:

> Aus einem Steinhagel [...] werde nach der kommenden, allesvernichtenden Flut die neue Menschheit hervorgehen, – [...] aus jedem Kiesel ein Ungeheuer! [...] eine Brut von mineralischer Härte, das Herz aus Basalt, die Augen aus Serpentin, ohne Gefühle, ohne eine Sprache der Liebe, aber auch ohne jede Regung des Hasses, des Mitgefühls oder der Trauer, so unnachgiebig, so taub und dauerhaft wie die Felsen dieser Küste. (169 f.)

Dem Weltuntergang folgt kein positiver Neubeginn durch die wenigen Überlebenden, sondern die Negativität der Menschen steigert sich noch. Nach dem eisernen Zeitalter folgt das steinerne, nach der Gewalttätigkeit die Gefühllosigkeit einer menschlichen Maschine, vergleichbar den neuen Bewohnern von Aegina. Selbst der Untergang, so lassen sich die Worte Nasos deuten, genügt nicht als „Therapie“ des menschlichen Charakters. Nach dem Untergang in der Sintflut entsteht nicht, wie in der Apokalypse der Bibel und den säkularisierten Nachfolgern ihrer Vision bis in die Mitte des 20. Jahrhunderts, ein „Neues Jerusalem“ als Verwirklichung der menschlichen Utopie,[13] sondern der menschliche Charakter ist so unheilbar schlecht, der Mensch so sehr ein Irrläufer der Evolution, daß auf Besserung nicht gehofft werden kann. Nasos positive Lösung besteht im umgekehrten Vorgang; nicht aus Steinen sollen Menschen entstehen, sondern aus Menschen Steine werden.

Das Überleben auf diese Weise, so signalisiert Naso, ist wenig erstrebenswert. In den *Metamorphosen,* die die Geschichte der

Sintflut als Bericht aus der Vorzeit und nicht als Zukunftsvision wiedergeben, wählt Jupiter Deucalion und Pyrrha, die beiden frömmsten und gerechtesten Menschen, als Gründer der neuen Menschheit aus. Was bei Ovid göttlicher Auftrag ist und göttliche Anerkennung und Belohnung bedeutet, empfindet Echo bei Ransmayr als „die schlimmste aller Strafen" (166), nämlich „die Einsamkeit der Überlebenden" (166).

Das allmähliche Zurückfallen der Zivilisation und der Menschen an die Natur, das gewaltsame Weltende und die Metamorphose der Menschen zu Pflanzen, Tieren, Vögeln, diese verschiedenen, nahe beieinander liegenden Möglichkeiten für die Zukunft der Menschen bietet die *Letzte Welt* an, ohne sich auf ein Modell festzulegen. Ransmayrs *Letzte Welt* steht damit im Kontext einer apokalyptischen Stimmung, die seit dem Beginn der achtziger Jahre in Deutschland weit verbreitet ist und auch ihren Niederschlag in der Literatur findet. Die Angst vor atomaren Katastrophen, globaler Erwärmung, Luft- und Bodenverschmutzung, chemischen Giften, biogenetischen Monsterproduktionen, der Verwüstung ganzer Landstriche durch zu intensive agrarische Nutzung, um nur einige aufzuzählen, verdichtet sich immer wieder in Weltuntergangsängsten und Prophezeiungen. Ransmayr gehört aber nicht zu denen, die als Kassandren ihre warnende Stimme erheben. Die *Letzte Welt* will ihre Leser weder direkt aufrütteln und zum Widerstand gegen die Vernichtungstendenzen motivieren, noch durch die Darstellung eines realistischen Untergangsszenarios einen solchen Besinnungseffekt erzielen. Auf die eine oder andere Weise ist vielmehr das Ende der Menschen als in der Logik der Dinge liegend zu akzeptieren, wir leben unweigerlich in der *Letzten Welt,* so der Tenor des Buches. Oder, wie Ransmayr nach einem Bericht des Zeitmagazins erzählt:

> Das „Zurücksinken in sich selbst" sei für ihn „paradiesisch, ein faszinierend schönes Bild. Ich *suche* das, geradezu als Utopie." Die vom Homo sapiens entleerte Erde müsse ja nicht unbedingt die apokalyptische, atomar verseuchte Wüste sein. „Was aber ist so schrecklich an einer wuchernden, blühenden Wildnis ohne uns?"[14]

5.4
Phantasie gegen Realität

5.4.1
Literatur und Macht

Nasos Aufstieg, Fall und seine posthume Rehabilitierung in Rom bieten einen exemplarischen Einblick in den Umgang mit und die Wirkung und Bedeutung von Literatur, einerseits in einer Metropole, andererseits auch in einer Diktatur. Auf diesem Gebiet wird das antike Ambiente des Romans zur bloßen Fassade. In Rom herrscht ein Literaturbetrieb modernen Zuschnitts. Nicht Hofkultur und Mäzenatentum, wie es zu dem historischen Ovid passen würde (der Begriff Mäzen leitet sich schließlich von Maecenas ab, dem Freund des Augustus und literarischen Förderer dieser Zeit), prägen das literarische Leben, sondern es existiert ein Markt für die Literatur: „Nasos Bücher lagen in den Schaufenstern der Buchläden zu Pyramiden und Mosaiken geordnet unter Plakaten mit seinem Porträt." (44) Literatur, vor allem die Texte eines bekannten Schriftstellers wie Naso, sind ein Ereignis, an dem die – literarisch interessierte – Öffentlichkeit Anteil nimmt und worüber sie durch die Vermittlung der Medien, der „Feuilletons" (44) der „Tageszeitungen" (57), informiert wird, wenn sie nicht direkt an den „öffentlichen Lesungen" (54) teilnimmt. Naso selbst bedient diese Öffentlichkeit mit großem Geschick, indem er das Interesse an seinen *Metamorphosen* stets durch ausschnittsweise Veröffentlichung wachhält. Diese Publikationsstrategie belebt nicht nur das Geschäft, sie steigert auch die Erwartungen und den Ruhm des Dichters. Diese Öffentlichkeit wird zwar durch den Staatsapparat überwacht und durch die Zensur eingeschränkt, sie kann sich jedoch weitgehend unbeschränkt entfalten, da im literarischen Bereich die Zensur sehr zurückhaltend agiert. Jedenfalls werden die Ausschnitte und Vorlesungen aus den *Metamorphosen* nie verhindert, obwohl „allein der Titel dieses Buches [...] in der Residenzstadt des Imperators Augustus eine Anmaßung gewesen war, eine Aufwiegelei in Rom, wo jedes Bauwerk ein Denkmal der Herrschaft war, das auf den Bestand, auf die Dauer und Unwandelbarkeit der Macht verwies" (43 f.).

Trotz seiner hohen Bekanntheit werden selbst Nasos Texte nur von einer kleinen Schicht gelesen. Nur eine kulturelle Elite, „das kleine, elegante Publikum der Poesie" (45), nimmt an dem literarischen Leben Anteil. Weder bei den breiten Unterschichten noch im Zentrum der politischen Macht spielt Literatur eine Rolle: „Ein Mächtiger las keine Bücher; keine Elegien." (70) Literatur muß sich in der Öffentlichkeit die Aufmerksamkeit gegen die Konkurrenz anderer Veranstaltungen erkämpfen, etwa gegen Spektakel in den Stadien oder sportliche Wettkämpfe.

Der Staat läßt der Literatur einen großen Freiraum. Zum Zusammenstoß von Macht und Literatur kommt es jedoch immer in dem Moment, in dem die Literatur die Grenzen der Fiktion zu überschreiten scheint und sich direkt und kritisch, im Sinne einer engagierten Kunst, auf das politische Leben bezieht oder nur beziehen läßt. Naso erregt bereits das Mißtrauen der römischen Führungsschicht, als die Vermutung aufkommt, er schreibe an einem „Schlüsselroman der römischen Gesellschaft" (54) oder habe zumindest die Kenntnisse, ihn zu verfassen, und die schriftstellerische Brillanz, damit viele Größen „dem Klatsch und der Lächerlichkeit" (54) preiszugeben. Die Theateraufführung von Nasos König-Midas-Episode gibt einen Vorgeschmack davon. Durch eine aktualisierte und auf konkrete Personen zugespitzte Inszenierung kommt es zu einem politischen Skandal und dem staatlichen Verbot des Stückes. Die Dichtung, die sich in die Realität einmischt, die dies auch noch verständlich und publikumswirksam tut, provoziert die Macht des Staates. Jedoch wirkt dieses Verbot auch in der römischen Diktatur der *Letzten Welt* ähnlich wie im modernen Literaturbetrieb (etwa wenn die katholische Kirche ein Buch oder einen Film gerne verboten sähe), es lenkt noch mehr Aufmerksamkeit auf den Text und vor allem auf den Autor.

An diesem Fall zeigt Ransmayr auch, wie sehr sich ein Text von den Intentionen des Autors ablösen und durch seine Rezeption, durch eine bewußt personalisierte und aktualisierte Inszenierung (hier schimmert die moderne Theaterpraxis durch), sich der Kontrolle des Verfassers entzieht. Naso, der kein operatives, agitatorisches Literaturkonzept vertritt, geht es bei dem zum Esel verwandelten König um das „Urbild der Gier und des törichten Reichtums" (57) und nicht um, wie er erfolglos zu dementieren versucht, „das platte Gleichnis der römischen Wirklichkeit“ (57), das das Theater daraus macht. In Nasos Ursprungsversion wäre es wahrscheinlich akzeptiert worden, da ihm ohne die direkten Bezüge die Brisanz gefehlt hätte. Sein Text hätte erst mittels interpretatorischer Arbeit auf die römischen Verhältnisse bezogen werden müssen. Ihm hätte die leichte Verständlichkeit gefehlt; er wäre nur einem erlesenen Publikum zugänglich gewesen und auch von daher für den Staat ohne große Gefahr. Der Konflikt zwischen literarischer Qualität und Publikumswirksamkeit wird hier sichtbar. Unfreiwillig gewinnt Naso hier das eine zum Preis eines „platten Gleichnisses“ (57).

Nasos Zusammenstoß mit der Staatsgewalt anläßlich seiner Rede von der Pest in Aegina entwickelt sich zum Musterbeispiel für den Konflikt zwischen Literatur und Macht. Auf der einen Seite zeigt sich die Wirkungslosigkeit von Literatur ganz deutlich. Nasos provozierendes Gleichnis – auf einen eindimensionalen Appell oder Aufruf mit Handlungsanweisung und politischer Analyse läßt sich Naso auch diesmal nicht ein – bleibt ohne Resonanz. Es ist fraglich, ob sein Text überhaupt von den Massen verstanden wird, die nur die vorgeschriebenen Reaktionen ausführen. Auf der anderen Seite wird aber auch die Bedeutung von Kunst und Literatur in einer Diktatur sichtbar. Die staatlichen Behörden erkennen die Sprengkraft seiner Rede und die potentielle Gefahr, die von der geistigen Unabhängigkeit Nasos ausgeht. Für den Apparat, der alles unter Kontrolle haben will, ist eine solche öffentliche Rede eine symbolische Niederlage, ein Zeichen seiner Unvollkommenheit. Literatur wird hier so ernst genommen, daß sie zu der Verbannung des Dichters als Staatsfeind, zu dem Verbot seiner Bücher und ihrer Entfernung aus Geschäften, Bibliotheken und Schulen führt. Der Staat sieht sich auf diese Provokation hin genötigt, sein wahres Gesicht zu zeigen.

Damit beginnt jedoch erst die Geschichte der politischen Bedeutung Nasos. Durch seinen Gewaltakt schafft der Staat aus einem zwar unbequemen und unabhängigen, aber unpolitischen Schriftsteller einen Märtyrer, eine bekannte Galionsfigur der Opposition:

> Erst nachdem der Dichter ans Schwarze Meer verschwunden war, wurde er von nahezu allen Flügeln der Opposition beansprucht und auf Plakaten und Flugblättern so oft erwähnt und zitiert, daß den Be-

hörden seine Entfernung aus Rom noch nachträglich als unumgänglich erscheinen mußte. (127)

Naso wird von der Opposition zum „Poet der Freiheit und Volksherrschaft“, zum „Held der Auflehnung gegen die Allmacht des Imperators“ (128), zum „revolutionären Andachtsbild“ (130) stilisiert. Naso eignet sich für diese oppositionelle Vereinnahmung so gut, da sein persönliches Schicksal für diese Behauptungen zu bürgen scheint und er selbst auch nicht dazu Stellung nehmen kann. Für den Staatsapparat bleibt daher diese Erinnerung an den Dichter ein stetes Problem, ein in der kulturellen Elite bekannter Name kann so zum Kristallisationspunkt verschiedener Oppositionsbewegungen werden. Es geht hierbei jedoch um eine politische Auseinandersetzung und nicht um seine Literatur oder gar die Person Nasos:

> Ein berühmtes, gebrochenes Opfer diktatorischer Härte konnte schließlich den Zielen des Widerstandes um vieles nützlicher werden als ein getrösteter oder gar glücklicher Mann. [...] In den Katakomben verlangte man von einem Dichter nicht viel mehr, als daß er in seinen Schriften gegenwärtig sei und nicht in den Salons, ein Mythos unter Mythen. (128)

Für den Untergrund soll Naso mit seinem Leben für die Wahrheit seiner Literatur einstehen. Die Trennung von Kunst und Leben, von Politik und Literatur soll durch seine Person aufgehoben werden. Nasos Intentionen und Motiven werden diese Gruppen in ihrer ausschließlich politischen Interpretation der Texte genausowenig gerecht wie der Staatsapparat. Denn Naso tritt stets als Künstler und mit dem Anspruch eines Künstlers auf, dessen Äußerungen zwar in einem gesellschaftlichen Zusammenhang stehen, dem aber alle direkten politischen Bestrebungen fern liegen (vgl. Kap. 4.1). Im politischen Raum wird jedoch die Literatur sofort funktionalisiert; es geht nicht mehr um den Text, seine ästhetische Qualität und erzählerische Schlüssigkeit, sondern um seine Stellungnahme in der politischen Auseinandersetzung, seine Verwertbarkeit.

> So versteinerte der Dichter seinen Feinden als ein Symbol der Gerechtigkeit römischer Justiz, die allein auf das Wohl des Staates achte und dabei für den Glanz der Berühmtheit blind sei – seinen Anhängern aber als unschuldiges Opfer der Macht. (130)

Daneben existiert noch eine kleine dritte Gruppe, zu der auch Cotta zählt. Diese Menschen stehen zwar auch – nicht zuletzt wegen der Verbannung Nasos – in innerer Distanz zu dem Staatsapparat, für sie sind aber seine Texte als literarische Werke und nicht als politische Prellböcke von Bedeutung. Sie bilden ein „nicht einzuschüchterndes, letztes Publikum" (95) und treffen sich zu geheimen Lesungen aus seinen verbotenen Büchern. Eine Art innerer Emigration wird bei diesen Menschen sichtbar. Der Text kommentiert auch diese Variante negativ als

> Zeichen eines harmlosen Verschwörertums, das der Macht des Imperators nicht schadete, dem Verbannten nicht half und den Freunden seiner Poesie die Illusion ermöglichte, Freunde einer ebenso gefährlichen wie bedeutsamen Sache zu sein. (95)

Literatur ist jedoch, dies kann man als Fazit der *Letzten Welt* zusammenfassen, in den Metropolen keine wirkungsvolle, keine „bedeutsame Sache" (95). Sie kann diesen Status in politischen Auseinandersetzungen erreichen, aber sie wird dann vereinnahmt, einseitig festgelegt und verliert auf diese Weise ihre Eigenheit und Qualität. Es scheint jedoch, als ob Ransmayr hierbei Opfer seiner eigenen Zeitenvermischung wird; die weitgehende gesellschaftliche Wirkungs- und Bedeutungslosigkeit der Literatur bei einer unbegrenzten und unkontrollierten Öffentlichkeit und einem freien, nach wirtschaftlichen Gesichtspunkten organisierten Markt überträgt er auf seinen diktatorischen römischen Staat. Dort billigt er der politischen Interpretation und Verwertung von Literatur zwar eine gewisse politische Bedeutung zu, Literatur selbst bleibt aber auch hier unbedeutend. Das Interesse der Diktaturen aller Zeiten und aller Länder an einer Kontrolle der Künste und einer staatstragenden oder ideologiekonformen Literatur spricht hier eine andere Sprache. Für einen Staatsapparat, dessen Ideal eine „bis in die Schlafzimmer überwachte [...] Gesellschaft" (146) ist, müßten eigentlich selbst solche, an sich harmlose Treffen und das Lesen verbotener Literatur zu einem subversiven Akt werden, der die Machtvollkommenheit der Behörde in Frage stellt, da sich die Bürger gedanklich seinem Geltungsbereich entziehen. Unkontrollierte Freiräume und gedankliche Unabhängigkeit stellen auf die lange Sicht gesehen eine Gefahr für die innere Stabilität der Diktatur dar. Da Ransmayr jedoch den Literaturbetrieb einer unregulierten Öffentlichkeit und den einer Diktatur an einen Ort zusammenzieht, kann er dieser spezifischen Funktion und Wirkung von Literatur in Diktaturen ohne eine freie Öffentlichkeit nicht gerecht werden.

Die Nachricht vom Tod Nasos verschärft die Situation für die Regierung, da der Staatsapparat nun nicht mehr die Möglichkeit hat, durch eine Begnadigung Naso wieder für die eigenen Zwecke zu verwenden: „Durch den Skandal seines Todes" wird Naso „vollends unberechenbar und damit zum erstenmal in der Geschichte seines Aufstiegs und Untergangs gefährlich." (138) Denn „jeder Satz, jedes hinterlassene Wort des Verbannten" konnte nun „zur Losung des Aufruhrs werden" (138). Zunächst reagiert die Behörde mit einer verschärften Unterdrückung und beschlagnahmt selbst die verkohlten Reste seiner Manuskripte. Dann jedoch besinnt sie sich auf andere Maßnahmen, und ein wirkungsvollerer und aus der Literaturgeschichte bekannter Mechanismus tritt in Kraft: Die Behörde selbst beginnt, Naso zu vereinnahmen, seine „Verklärung" (140) für ihre Zwecke in Anspruch zu nehmen. Naso wird posthum als *„Großer Sohn Roms"* (140) mit einem Denkmal geehrt. „Heimgekehrt in die Gnade des Imperators" (140) wird auf diese Weise der oppositionellen Vereinnahmung des Schriftstellers offensiv und erfolgreich Widerstand geleistet. Naso erfährt nun endgültig die „durchschlagende Wirkungslosigkeit eines Klassikers" (Max Frisch).

5.4.2 Bedeutung der Phantasie an der Peripherie

Eine ganz andere Bedeutung hat die menschliche Phantasie in Tomi. Dies zeigt sich auf der Ebene der Produktion wie auch der Rezeption von Phantasieerzeugnissen; dies ist sowohl am Wirken Nasos in Tomi wie an dem Umgang mit künstlerischen Produktionen wie den Wandteppichen Arachnes oder den Filmvorführungen Cyparis' zu erkennen oder auch an dem Faschingsumzug. Die Aufspaltung in Metropole und Peripherie führt Ransmayr auch auf diesem Gebiet weiter. Abgeschnittenheit, Unorganisiertheit und die Härte des archaischen Lebens bedingen in Tomi eine ganz andere Stellung von Phantasie und Kunst als in Rom. Hier gibt es keinen Kulturbetrieb, der seine Existenz weitgehend der Langeweile übersättigter Bürger verdankt. Die Beziehung zu Phantasie und Kunst ist viel unmittelbarer und existentieller angelegt. Verlagert Ransmayr unverkennbar den modernen Kulturbetrieb nach Rom, so läßt sich die Situation in Tomi nicht so leicht historisch fixieren. Sie entspricht in etwa der Lebensweise einer vormodernen Bevölkerung, sei es aus vorschriftlichen Kulturen, sei es aus dem europäischen Mittelalter, in dem einzelne Feste, wie der Fasching zum Winterende, sowie herumreisende Geschichtenerzähler, bei Ransmayr allerdings modern als Filmvorführer verfremdet, den seit Jahrhunderten weitgehend unverändert gebliebenen, monotonen Jahresrhythmus gliedern und dadurch eine große Bedeutung für die Menschen erhalten.

In der normierten, kontrollierten und befriedeten Gesellschaft des Römischen Reiches hat – von Ausnahmeerscheinungen wie Naso abgesehen – auch die Phantasie nur geringe Entfaltungsmöglichkeiten:

> Gewiß, dieser Narrenzug konnte nur ein stumpfer Abglanz jener Mythen sein, in denen sich die Phantasie Roms ausgetobt und erschöpft hatte, bis sie unter der Herrschaft von Augustus Imperator in Pflichtbewußtsein, in Gehorsam und Verfassungstreue verwandelt und zur Vernunft gebracht worden war. (93)

Nasos Schicksal in Rom ist auch als symptomatisch für das Schicksal der Phantasie dort zu lesen. Sie ist der staatlichen Ordnungsmacht suspekt, da sie sich ihrer Kontrolle entzieht und auch an „archaische, ungebändigte Leidenschaften“ (93) erinnert, die den latenten „Wolfscharakter“ des Menschen wieder zum Durchbruch gelangen lassen könnten. Für den Staatsapparat ist „Phantasie“ ein Gegenbegriff zu „Vernunft“ – und auch Ransmayr setzt beide Begriffe als Gegensätze ein.

Tomi liegt am Rand der römischen Welt, dementsprechend schwach ist dort die staatliche Kontrolle, dementsprechend ungehindert kann sich dort das menschliche Vorstellungsvermögen, die Imaginationskraft, entfalten. Was in Tomi an technischer und kultureller Verfeinerung der Kunst- und Phantasieproduktion gegenüber der Metropole fehlt, wird von der Ungebändigtheit und der inneren Anteilnahme wettgemacht:

> In Tomi [schien] noch wild und lebendig, was in der Residenz und in anderen Großstädten des Imperiums schon Vergangenheit war, zu

> Denkmälern und Museumsstücken erstarrt, versteinert zu Reliefs, Reiterstandbildern und Tempelfriesen, über die das Moos kroch. (94)

Es ist auffällig, daß Ransmayr an dieser Stelle die Bilder der Verwitterung, die sonst die Umwelt von Tomi charakterisieren, auf die Metropolen bezieht. Ansonsten bestimmt der Verfall zwar auch die Zukunft des Zentrums, ist aber aktuell noch nicht erkennbar außer in diesem kulturellen Bereich.

Die Menschen in Tomi bewahren gegenüber allen spektakulären Ereignissen des Romans ihre Gleichgültigkeit, nur ein Faktum erregt die Gemüter:

> Es schien in diesen Tagen nichts zu geben, woran sich die eiserne Stadt nach einem Augenblick des Schreckens oder des Erstaunens nicht gewöhnen konnte [...]. Das einzige Ereignis aber, das Tomi voll Ungeduld erwartete und das Erzkochern wie Schweinehirten mehr bedeutete als alle Neuheiten einer rätselhaften Natur, blieb aus: So angestrengt auch danach Ausschau gehalten wurde – [...] Cyparis der Filmvorführer [...] blieb verschwunden. Die Sehnsucht nach den Vorführungen des Liliputaners wurde so groß, daß man eines Morgens die Schlachthausmauer bemalt und mit ungelenken Strichzeichnungen bedeckt fand. (201)

Warum sind diese Imaginationen einer Phantasie so wichtig? Was fesselt die Bewohner von Tomi daran? Es ist ihr „häßliches Leben" (30), die „Monotonie" ihres Daseins (32), zu dessen Erleichterung, zu dessen Kompensation sie die Phantasieprodukte – zu eigener schöpferischer Leistung sind sie nur in Ausnahmefällen in der Lage – brauchen:

> Alljährlich entstand so auf Tereus Mauer unter den Handgriffen des Liliputaners eine Welt, die den Menschen der eisernen Stadt so fern ihrer eigenen erschien; so unerreichbar und zauberhaft, daß sie noch nach Wochen [...] keine anderen Geschichten besprachen als Versionen und Nacherzählungen der nun für ein weiteres Jahr wieder erloschenen Lichtspiele. (24)

Die Bilder befreien die Menschen von Tomi aus ihrem tristen Alltag. Sie bewirken für Stunden das, was Nasos reale Verwandlungen, Nasos Phantasie, die „seine Welt von den Menschen und ihren Ordnungen befreit" (287), auf Dauer bezwecken: Sie erlösen die Menschen. Genau in diesem Sinn reagieren die Bewohner von Tomi auf die Abfahrt des Filmvorführers: „Wie die Insassen eines Straflagers, die eben einen begnadigten ans Tor begleitet hatten, machte sich Cyparis Publikum dann auf den Rückweg ins Innere der Stadt.“ (113) Aus diesem „Straflager“ befreiten sie die Filme für einen Moment. Ähnlich wie die Filme wirken auch Arachnes Wandteppiche, „deren Farbenpracht und Lebendigkeit in manchen Bewohnern Tomis eine heimliche Sehnsucht nach einer fremden Welt hervorriefen“ (193).

Bei der Resonanz dieser „paradiesischer[n] Welten“ (196) in Tomi ist das gleiche Bedürfnis nach einer Flucht aus der düsteren und unbarmherzigen Realität zu spüren. Die Bedeutung, die Phantasie und Kunst für die Bewohner von Tomi hat, läßt sich dadurch noch etwas präzisieren: Es geht ihnen nicht um eine kritische Auseinandersetzung mit ihrer Lage, sondern um Unterhaltung und Schönheit, um ästhetisch-phantasievollen Genuß, der sie ihre nur schwer erträgliche Wirklichkeit vergessen läßt. Um dies zu verdeutlichen, fügt Ransmayr eine Passage in den Roman ein, in der es um die Frage nach einer realistischen Darstellung geht: Eine Filmszene zeigt einen Sturm auf dem Meer und damit einen Ausschnitt aus dem Lebensbereich der Küstenbewohner, den sie anhand ihrer eigenen Erfahrungen überprüfen können. Die Filme werden dadurch unübersehbar zu „Bilder[n] einer schlechten Täuschung“ (32). Der Illusionscharakter des Filmes, sein Versprechen, eine fremde und schöne Realität wiederzugeben, wird zu deutlich gebrochen und provoziert so den Protest des Publikums. Es will eine „andere“ Welt sehen und nichts, was es mit seinem Leben in Tomi vergleichen könnte, es will verzaubert werden und sich völlig der Illusion einer anderen Welt hingeben können.

Das kompensatorische, wirklichkeitsabgewandte Interesse der Menschen in Tomi richtet sich in erster Linie auf Schönheit, wie sich in der Begeisterung für das Episkop zeigt:

> Ein Episkop nannte Fama dieses Wunderwerk, [...] das noch die wertlosesten Dinge des Lebens heraushob und zu einer solchen Schönheit verklärte, daß sie kostbar und einzigartig wurden. Betrachtete man die Spiegelungen an der Wand nur lange genug, glaubte man das innere Leben der Dinge wahrzunehmen, ein Flackern, ein Pulsieren und Flirren, gegen das die Bewegtheit der äußeren Welt plump und nichtssagend erschien. (209)

Angesichts der Lebensbedingungen in der „eisernen Stadt“ beherrscht ihre Einwohner ein erstaunliches Verlangen nach

Schönheit. Das Episkop erfüllt die gleiche Leistung wie die Wandteppiche Arachnes oder die Filme. Es löst die Betrachter aus der Realität und stellt eine andere, schönere Welt dar, wobei die Verzauberung durch das Episkop um so erstaunlicher ist, als die von ihm bewirkten Metamorphosen ganz alltägliche Gegenstände betreffen.

Nicht allein die Figur Naso trägt das Hauptthema der *Letzten Welt*, die Phantasie als entscheidende Kraft gegen die vordergründige Realität, sondern auch im Verhalten und in den Bedürfnissen der Einwohnerschaft von Tomi manifestiert sich dies. In ihrem düsteren Alltag empfinden sie die Phantasie und vor allem die ästhetische „Schönheit" ihrer Produkte als einzige positive Macht.

Aber die Bedeutung, die der Phantasie zugeschrieben wird, kann man auch über die inhaltliche Wichtigkeit in der *Letzten Welt* hinaus auf die Kunstauffassung Ransmayrs und seine Intentionen beziehen. Dem Leser soll auf ähnliche Weise ein Erlebnis der verblüffenden Wirksamkeit der Phantasie, der Schönheit und Verzauberung zuteil werden wie den Menschen von Tomi. Da in der Realität die Wirksamkeit einer schriftstellerischen Phantasie nicht so folgenreich ist wie die Nasos, bleibt nur die darunterliegende, bescheidenere Ebene der Verschönerung des Lebens, der momentanen Befreiung aus dem Alltag durch ein spielerisch-phantastisches Erzeugnis, das bewußt ein realistisches Konzept ablehnt und die herkömmlichen Grenzen von Literatur überschreitet in Richtung auf Phantastik. Unter diesem Gesichtspunkt fügt sich der ganze Roman einschließlich Sprache und Stil zu einer Einheit zusammen (vgl. Kap. 7). In der Leistung des Episkops läßt sich der Kern einer Ransmayrischen Poetik vermuten: Schönheitserzeugung, Fragwürdigkeit und Verwandlung der Wirklichkeit durch die Arbeit der Phantasie und eine Vorstufe der Ich-Auflösung als Wirkung dieser Kunst.

5.4.3
„Erfindung der Wirklichkeit" und Unsicherheit der Realität

Was ist real, was Produkt menschlichen Vorstellungsvermögens, wo sind die Grenzen zwischen Imagination und Wirklichkeit, und hat diese Einteilung überhaupt Bestand vor den Erfahrungen des einzelnen? Ransmayr kommt in der *Letzten Welt* immer wieder auf die Frage nach dem Realitätsbegriff zurück. Eine objektive, allen Menschen gleichermaßen verbindliche Vorstellung von Wirklichkeit existiert in diesem Text nicht mehr. Dagegen steht die Grundidee des Buches vor der „Erfindung der Wirklichkeit" (287) durch Naso. Die Macht und Kraft seiner Phantasie ist groß genug, aus dem Raum des Imaginativen in den des Realen überzuwechseln, die Metamorphose der Wirklichkeit nach seinen Ideen zu erreichen. Durch diesen Vorgang eröffnet der Roman aus den negativen Ergebnissen seiner Analyse des menschlichen Charakters wie der apokalyptischen Lage der Welt einen aus seiner Sicht positiven Ausweg. Nasos Phantasie setzt sich an den Rändern des Imperiums gegen die Macht der römischen Vernunft durch, schafft sich ihre eigene Welt und befreit die Menschen dort durch Verwandlung; dies ist die phantastische „Utopie" des Romans.

Die letzte Welt setzt durch ihre Zeitenverschmelzung von Anfang an den herkömmlichen Realitätsbegriff außer Kraft. Innerhalb ihres Handlungsraumes durchbrechen die Metamorphosen und die raschen klimatischen Veränderungen nochmals die bereits verfremdete Realität und heben jede Vorstellung von dem auf, was „wirklich" ist. Nichts gewährleistet unter dem Prinzip permanenter Veränderung allen Seins die Konstanz der Dinge und ihrer Wahrnehmung. Tereus war vor seiner Metamorphose ebenso eindeutig Schlachter, wie er nach der Verwandlung als Wiedehopf davonfliegt. In diesem Fall ist ein abgrenzbares Wesen zu einem anderen, ebenso unverwechselbaren Wesen verwandelt worden. Der Realitätsbegriff des Lesers wird dadurch verwirrt, nicht aber die oberflächliche Eindeutigkeit der Realitätswahrnehmung in der Romanwelt. Durch den Einsatz von sprachlichen Mitteln (vgl. Kap. 7) und durch viele Detailhinweise gerät jedoch auch diese Wirklichkeit der *Letzten Welt* ins Flimmern. Der Roman ist durchzogen von einer Vielzahl von Beispielen für die Uneindeutigkeit der Realität, so daß oft eine Art von Schwebezustand entsteht.

Hierzu zählen die Filme, die Cyparis vorführt und die sein Publikum als schönere Realität goutiert; hierzu gehört auch innerhalb des Filmes von Ceyx und Alcyone die Stelle, an der Alcyone das Schicksal ihres Mannes bereits voraussieht und diese Ahnung vom Film in Realität umgesetzt wird. Hierzu zählt auch die Arbeit des Staatsapparats, für den Imperator aus einer Fülle an Detailinformationen ein „Bild der Wirklichkeit" (67) zusammenzusetzen. Neben der Unklarheit über das Schicksal Nasos und seiner *Metamorphosen* und auch über andere Ereignisse (z. B. warum verfällt trotz aller Pflege Nasos Haus in Rom? (132), warum registriert niemand außer Cotta das Unwetter, nach dem Echo verschwunden bleibt? (172 ff.)) verweist die *Letzte Welt* mehrmals auf das Phänomen der Existenz konkurrierender und sich gegenseitig ausschließender Deutungen von menschlichen Handlungen, ohne daß dies geklärt werden könnte: „Aber es gab so viele Deutungen" (20). Auch durch die Träume Cottas, die aus der Perspektive seines Erlebens wiedergegeben werden, verschwimmt die Grenze zwischen real und imaginiert, am deutlichsten in dem Traum von Io und Argus: „Schon träumte der Viehhirt seine Kuh bloß und der Römer träumte den Hirten." (80)

Die subjektive Wahrnehmung läßt auch die herkömmlichen Raumvorstellungen unsicher werden: Cotta

> hatte das Gefühl, mit seinen Schultern, [...] seinem ganzen Körper am Gewölbe eines ungeheueren Raumes zu haften, und blickte so nicht mehr zu den Sternen *empor,* sondern hinab in eine grundlose, von Milliarden Funken durchschwebte Tiefe. (232)

Auch die Zeit verläuft innerhalb der *Letzten Welt* nicht gleichmäßig und linear: „Jetzt wurde die Zeit langsamer, stand still, fiel zurück in die Vergangenheit." (238) Dieses aus der Sicht Cottas wiedergegebene Zeitempfinden ist völlig subjektiv und doch für den betreffenden Menschen völlig real. Auch Momente einer asynchron verlaufenden Zeit flicht Ransmayr ein:

> Aber je länger ihr [Cyane] die Stunden der Schlaflosigkeit und die Wochen, die Monate des Wartens auf ein Zeichen von Naso wurden, desto schneller lief die Zeit über die leblosen Dinge seines Besitzes hinweg. (132) Die Zeit der Menschen schien in diesem Regen stillzustehen, die Zeit der Pflanzen zu fliegen. (270)

Auch innerhalb der Fiktion des Romans ist die Zeit kein stabiler Faktor, über den man sich intersubjektiv verständigen könnte. Sie ist entsprechend dem Verschwimmen des Wirklichkeitsbegriffs ebenfalls variabel und vom persönlichen Gefühl abhängig. Damit trägt auch der Zeitbegriff zu einer weiteren Verunsicherung über die Koordinaten dieser *Letzten Welt* bei, bereitet den Leser auf die Transsubstantiation von Menschen vor und eröffnet der Phantasie Nasos die Möglichkeiten für ihr Wirken. Innerhalb der Fiktion des Romans wiederholt sich der gleiche Prozeß noch einmal, den Ransmayr bereits bei der Schaffung dieser fiktiven Welt einsetzt: Raum und Zeit sind nicht eindeutig zu fassen. Und mit dem Verlust dieser Koordinaten geht die Unterscheidung zwischen Imagination und Realität ebenso verloren, wie die Suche nach vernünftigen, sinnvollen Erklärungen überflüssig wird.

6
Erzählstruktur

6.1
Leitmotivik

Die Thematik des Romans ist eng verflochten mit seiner leitmotivischen Struktur, die die vielen Episoden, Rückblenden und Binnenerzählungen durchzieht und wesentlich zum Zusammenhang des Textes beiträgt. Einzelnen Themen lassen sich feste Motivketten zuordnen. Immer wieder werden verwandte Vorgänge oder ähnliche Details, zum Teil mit Symbolcharakter, beschrieben und in die Handlung des Romans eingebaut, so daß ein festes Bezugs- und Konnotationssystem entsteht. Die atmosphärische Dichte der *Letzten Welt* ist nicht zuletzt darauf zurückzuführen.

6.1.1
Pflanzen

Die allmähliche Einebnung und Zurückeroberung der „eisernen Stadt" durch die Natur ist vor allem mit dem Auftreten zweier Pflanzen eng verbunden, mit Efeu und Moos. Beide symbolisieren nicht nur Genügsamkeit und Zähigkeit der Natur, sie stellen auch immer Signale des Verfalls menschlicher Produkte dar. Daher sind sie meist mit Tomi verbunden. In Tomi gibt es fast nur „moosbewachsene Mauern" (8), viele Häuser der Stadt „verschwanden unter Kletterpflanzen und Moos" (10), in Lycaons Haus gibt es Moos (103), auf den Dächern der Stadt (172) ebenso, Arachnes Haus ist mit „Moospolstern" (192) bedeckt, nach der Hitzeperiode „blühte das Moos" (218), in Cottas Haus besetzt das Moos allmählich die Treppen (271), auf Moos schläft Cotta in Limyra (232). Moos ist zusammen mit dem wuchernden Efeu (98, 103, 219, 248, 271, 277) die Pflanze des Verfalls, die aus Häusern allmählich zusammen mit den Erosionskräften Ruinen werden läßt. Es ist damit in erster Linie eine Pflanze der Peripherie, die aber auch in der Metropole auftritt, sobald es darum geht, Verfallssymptome aufzuzeigen (94). Das Moos verbindet den Prozeß der Renaturierung aber auch mit der Person Nasos, der auf seine Weise ja Ähnliches betreibt. Naso sammelt nicht nur Moos (187), seine Augen werden als „moosgrün" (110) gekennzeichnet, und

Cotta vermutet ihn zum Schluß sogar als „triumphierendes Purpurmoos auf dem letzten, verschwindenden Mauerrest" (287). Die Phantasiearbeit Nasos und das Wirken der Natur werden durch dieses Leitmotiv verknüpft.

Auch in dem wuchernden Efeu steckt noch eine tiefere Bedeutung als die Verkörperung der Produktivität und Unaufhaltsamkeit der Natur:

> Unter den Umarmungen der Zweige war schließlich nicht mehr zu erkennen, ob ein Wetterhahn oder eine Giebelfigur noch an ihrem Platz stand oder längst zerfallen war. Das wuchernde Grün ahmte die Formen, die es umfing, anfänglich spielerisch und wie zum Spott nach, wuchs dann aber nur noch seinen eigenen Gesetzen von Form und Schönheit gehorchend weiter und unnachgiebig über alle Zeichen menschlicher Kunstfertigkeit hinweg. (271)

Die Umwandlung menschlicher Erzeugnisse in Natur und die Fragwürdigkeit der optisch wahrgenommenen Wirklichkeit werden in diesem Zitat vom Efeu verkörpert. Zudem läßt sich in diesem Bild eine Metapher auf das Verhältnis der *Letzten Welt* zu den *Metamorphosen* erkennen.

Aufschlußreich ist auch eine Gegenüberstellung der Vegetation Tomis mit den Pflanzen in Rom. Während dort empfindliche und wohlriechende Gewächse unter der Pflege von Gärtnern gedeihen – „Begonien und Oleander" (11), „Schirmföhren" (116), „Feuerlilien und Seerosen" (132), „von Bougainvilleablüten umwölkte Terrassen" (232), „Oliven- und Orangenhaine" (232) –, finden sich in Tomi hauptsächlich robuste, stachlige Gewächse: „Wermut" (114), „blaue Färberdisteln, Taubnesseln, Reseden und Lavendel" (121), „Schlehdorn" (154), „Ginster" (177), „Kakteen, Disteln, Tamarisken" (199), „Krüppelkiefern" (237). Die Vegetation paßt also genau zu der Zweiteilung in Metropole und Peripherie. Dies bestärkt die einzige Ausnahme, der empfindliche Maulbeerbaum, der dennoch in Trachila gedeiht (15) und der die Anwesenheit Nasos in diesem Gebirge und die Besonderheit von Trachila repräsentiert.

6.1.2
Verfall und Verwesung

Beinahe permanent und anwesend im Text ist das Motiv des Verfalls. Geräte verrotten oder werden vom Rost zerfressen. Rost ist die Farbe der Stadt Tomi (10) und der „natürliche“ Feind der „eisernen Stadt“. Er verkörpert den destruktiven Teil der Verwandlung. Verwitterung und Erosion sind seine Verbündeten bei der allmählichen Zurückverwandlung von Tomi in Natur. Häuser verkommen allmählich zu Ruinen; die einzelnen Phasen dieses Prozesses werden exemplarisch an dem Haus von Lykaon geschildert (219, 248, 268). Dieser Verfall ist das Pendant zu dem Wachstum der Pflanzen. Er zeigt das Zurückfallen der Zivilisation in die Natur an. Die düstere Atmosphäre des Romans hängt sehr viel mit der Allgegenwärtigkeit dieser Verfallserscheinungen zusammen. Verstärkt wird dieser Eindruck von der Hinfälligkeit aller menschlichen Tätigkeiten und Erzeugnisse durch eine Fülle von Sterbeszenen beziehungsweise von stets in aller Deutlichkeit ausgemalter Beschreibung von Verwesungsprozessen. Nasos Erzählungen von der Pest in Aegina (61f.) und von der Sintflut (165f.), die Erinnerungen von Thies an die Leichenberge in den Gaskammern (261f.) sowie „bombastisch ausgeschmückte Versionen des Untergangs dreier Helden“ (106), die Cyparis vorführt, aber auch sein Film über das Ende von Ceyx (33f.), die Bergung der Leichen von einem Bergrutsch verschütteter Hirten (227), der vermutlich Lycaon zuzuschreibende Wolfskadaver (234ff.) und der Mord an Itys (280f.), diese Kette von erschreckenden und blutigen Schicksalen weist den Leser immer wieder auf die Kürze und die Qualen des menschlichen Lebens hin. Der „ekelerregende, stinkende [...] Prozeß des organischen Verfalls“ (158), wie Naso sich ausdrückt, bleibt ständig präsent.

6.1.3
Staub, Geröll, Gestein

Im Kontrast zu den Verfallsprozessen steht die Welt der Steine. Auch sie ist beinahe permanent im Text anwesend. Ihre Bedeutung ist jedoch ambivalent: Einerseits unterliegen auch Gebirge und Gestein den Verwandlungsprozessen und erodieren im Laufe der Zeit zu weitgehend ebenen Flächen und zu Staub, dem „gestaltlosen Endzustand der Welt“ (103); auch der festesten Materie kann keine Beständigkeit zugesprochen werden. Auf der anderen Seite erweist sich gerade im Vergleich mit dem organischen Leben die „Würde und Dauer des Steins“ (158). Anders als bei den Pflanzen kommt keinem Gestein eine besondere, symbolische Bedeutung zu. Jedoch bemüht sich Ransmayr durch einen differenzierten geomorphologischen Wortschatz, die Vielfalt des Steins darzustellen und durch ständig variierte Erwähnungen von Steinformationen – „Schroffen und Grate“ (10), „Halden“ (13), „Bruchharsch“ (14), „Geröllfelder“ (80), „Schuttkegel“ (83), „Klammen und Hochkare“ (155), „Klüfte, Schluchten und Dolinen“ (176), „Felszinnen“ (188), „erratische Blöcke“ (237), „Felsnadeln und Grate“ (243) – die Welt der Steine und damit die Welt der Zukunft in der *Letzten Welt* stets vor Augen der Leser zu halten.

Besonders eng verbunden mit dieser Steinwelt ist Echo; nicht nur kann sie sich völlig mühelos in der schwierigen Berggegend bewegen, sondern durch ihre Schuppenflechte wirkt die betroffene Hautpartie „wie aus Glimmerschiefer oder grauem Feldspat, aus Kalk und grobkörnigem Sand“ (170). Die häufige Erwähnung von Stein und Gesteinsformationen dient auch dazu, auf das Schicksal der Versteinerung von Battus oder vielleicht auch von Naso vorauszudeuten. Bei Echo, die in den *Metamorphosen* zum Nachhall im Gebirge wird, zeigt sich dieser Übergang schon zu Lebzeiten.

6.1.4
Nashorn

Das Nashorn dient dem römischen Staatsapparat als Symbol seiner Macht, Beständigkeit und Dauerhaftigkeit. Daher wird das Nashorn zum „Herrschaftsabzeichen des Imperators“ (126). An seinem Körper scheint „der Lauf der Zeit keine Spuren zu hinterlassen“ (128), es bleibt sich „in den Jahren gleich wie ein Stein“ (129). Deswegen fasziniert es die jeweiligen Herrscher so stark. Dennoch ist dieses Symbol für die Macht und Unerschütterlichkeit Roms nicht eindeutig. Denn das Nashorn ist weitgehend hilflos gegenüber den Angriffen der Insekten, und vor allem seine Wildheit aufgrund der Fliegenstiche steht im Widerspruch zur bürokratischen Geordnetheit Roms. Außerdem ist es als Lebewesen den Verfallsprozessen organischen Lebens unterworfen. Das vom Herrscher selbstgewählte Symbol enthält also Elemente, die seinen Intentionen Entgegengesetztes, den Untergang auch der scheinbar größten Dauerhaftigkeit, verkörpern.

6.1.5
Feuer

Feuer ist eng mit Naso und seinen *Metamorphosen* verbunden. Naso verbrennt in Rom das Buch (18 f.). Cotta erinnert sich immer wieder an dieses Feuer (43 f.) und liest als erstes Wort der Inschrift in Trachila „FEUER" (49). Aber über die Erinnerung an die Verbannung aus Rom und die Vernichtung der literarischen *Metamorphosen* hinaus nimmt das Feuer eine weitere Bedeutung an. Es verkörpert die ungebändigte und verwandelnde Kraft von Nasos Phantasie. So wie das Feuer ständig die Umwandlung von Brennmaterial in Wärme betreibt, so agiert Nasos Imaginationsvermögen; so wie die *Metamorphosen* sich durch Feuer in Asche verwandelten, so entstehen sie aus Feuer und Asche in Nasos Erzählungen in veränderter, zur Realität werdender Form in Tomi erneut:

> Der arme Naso behaupte ja von sich, in den Flammen, in der Glut und noch in der weißen, warmen Asche lesen zu können, behaupte, in seinen Bränden die Worte, die Sätze und Geschichten eines ganzen Buches zu entziffern. (117)

Wählt sich der Imperator das scheinbar unveränderliche Nashorn als Symbol aus, so Naso die nicht fixierbaren, permanenter Veränderung unterworfenen Flammen.

6.1.6
Verwandlung

Die Verwandlung und die Wandelbarkeit allen Seins ist einerseits ein zentrales Thema der *Letzten Welt*, andererseits auch das zentrale Motiv des Romans, das bereits mit einem ihrer Themen zusammenfällt. Pflanzen, Steine, Häuser verändern sich ständig. Menschen verwandeln sich zu Stein, in Vögel und Wölfe. Auch wenn ihr Wesen gleich bleibt, so verändert sich wie bei Cotta und Naso ihr Schicksal radikal. Die Bilder der Verwandlung der Wirklichkeit und ihrer Wahrnehmung durchziehen das Buch vom ersten Satz an, bei dem sich ein Vogelschwarm als Schaumkrone einer Welle entpuppt:

> Ein Orkan, das war ein Vogelschwarm hoch oben in der Nacht; ein weißer Schwarm, der rauschend näher kam und plötzlich nur noch die Krone einer ungeheueren Welle war, die auf das Schiff zusprang. (7)

6.2 Binnentexte

6.2.1 Integration in die Gesamthandlung

Der Handlungsverlauf des Romans wird immer wieder von fiktionalen Texten innerhalb des Romans unterbrochen. Sie werden inhaltlich eingeführt entweder als Bericht von den Filmvorführungen, vor allem der ausführlich beschriebene Spielfilm von Ceyx und Alcyone (26–39), oder aber als Wiedergabe von Erzählungen Nasos noch aus seiner römischen Zeit (Pest in Ägina (61–64), König Midas (55 f.), oder aber aus Tomi, vor allem die Vision von der Sintflut und Deucalion und Pyrrha (162–170). Diese Binnentexte sind jeweils in sich abgeschlossen. Gemeinsam ist ihnen, daß sie alle ebenfalls ihre Wurzel in den *Metamorphosen* haben und Ransmayr auf diese Weise noch mehr Mythen aus dem Epos Ovids in seinen Roman integrieren kann, ohne sein Personal noch weiter vergrößern zu müssen.

Die Gleichnisse „König Midas" und die „Pest in Aegina" sind in die Handlung des Romans integriert, nur mittels ihrer Kenntnis läßt sich Nasos Sturz verstehen; der Bericht über diese beiden Geschichten ist auch unmittelbar mit der Romanhandlung verknüpft. Der Spielfilm „Ceyx und Alcyone" und die apokalyptische Vision „Deucalion und Pyrrha" dagegen stehen ohne direkten Bezug zum Romangeschehen. Diese beiden Episoden sind als Filmvorführung in Tomi beziehungsweise als letzte Geschichte, die Echo von Naso erzählt, in den Text eingegliedert. Das System von Leitmotiven durchzieht auch diese Binnentexte und verbindet sie so mit der Haupthandlung.

6.2.2
Funktion im Gesamttext

Die Binnentexte sind innerhalb des als real dargestellten Romangeschehens fiktionale Einsprengsel. Dadurch und durch ihre Gattungsart akzeptiert der Leser die Unwahrscheinlichkeiten, von denen sie handeln, müheloser als in der Haupthandlung. Da sie aber keine Gegenwelt zum Gesamttext bieten, sondern ein paralleles Szenario entwerfen, bereiten sie den Leser auf die realen Metamorphosen in Tomi vor. Alle Binnentexte haben ihren Höhepunkt in den Verwandlungsszenen. Sie nehmen damit die entscheidenden Ereignisse und das zentrale Thema des Romans vorweg. Sie spiegeln im Kleinen die Gesamttendenz der *Letzten Welt.* Das hier dargestellte Menschenbild deckt sich mit dem des Gesamttextes: die selbstzerstörerische Gier nach Reichtum des Königs Midas, die Gefühllosigkeit und der Gehorsam der neuen Menschen von Aegina, der Zerfall aller Ordnung, sobald die Absicht des Ceyx bekannt wird, fortzusegeln, und die strafende Sintflut und die Härte und Unerbittlichkeit der neuen Menschen. Da alle Geschichten vom persönlichen bis hin zum globalen Untergang einer Welt handeln, tragen sie mit dazu bei, die düstere und bedrohliche Atmosphäre des Romans zu schaffen.

6.3
Erzählhaltung

Die Erzählhaltung des Romans ist nicht eindeutig festlegbar. Große Passagen werden aus der Perspektive Cottas erzählt; auf diese Weise wird der Leser über Gedanken und Gefühle dieser Figur informiert. Daher nimmt er die Welt von Tomi meist nur mit den Augen Cottas wahr. Vor allem über dessen Erinnerungen erfährt man von der Vorgeschichte in Rom: „Wie die Luftblasen aus der Wassertiefe nach oben torkeln und steigen, so stiegen aus seinem Inneren Bilder auf, aus der Vergessenheit.“ (42) Nur durch diese Perspektive läßt sich der Spannungsbogen des Romans durchhalten; Cottas Irrglaube etwa, im zerstörten Trachila Naso und Pythagoras vor sich zu sehen, wird geschildert, ohne daß ein Erzähler korrigierend eingreift (238 f.).

Direkte Rede verwendet Ransmayr selten; sie ist meist nur auf Ausrufe oder wenige Worte begrenzt (etwa im Film (27) oder bei dem ersten Auftreten von Echo, um ihren wiederholenden Sprachgebrauch zu charakterisieren (99)). Die Erzählungen Nasos, aber auch die meisten Dialoge werden in indirekter Rede wiedergegeben; dadurch wird eine leichte Distanz zu dem unmittelbaren Geschehen aufgebaut und die personale Erzählsituation bereits ein wenig eingeschränkt.

Jedoch wird an mehreren Stellen eine auktoriale Erzählsituation deutlich spürbar: ein Erzähler, der nie als „Person" sich selbst einführt, der sich bei der Kommentierung des Geschehens zurückhält und nur bei einzelnen Momenten sichtbar wird, der aber von Anfang an alles weiß, es aber, entsprechend der Verwirrungsstrategien des Buches, nicht verrät. Die auktoriale Erzählhaltung zeigt sich deutlich an den Voraushinweisen auf entscheidende Ereignisse:

> Unter den Traglasten dieser Nacht befand sich doch nur eine einzige, die das Leben Tomis so sehr verändern sollte, daß es schließlich schien, als habe die Fahrt des Thessaliers allein dem Zweck gedient, diese kleine Last an die Küste der eisernen Stadt zu schaffen. (208)
>
> Vielleicht hätte er [Cotta] dieses Gespinst aus Lumpen [...] niemals wieder entwirrt [...], wäre nicht [...] diese verwilderte Frau durch die Gassen der eisernen Stadt geirrt, ein [...] Wesen, dessen Erscheinen [...] den Einsturz von Cottas Welt zur Folge haben sollte. (271 f.)

Der latent vorhandene, auktoriale Erzähler zeigt zwar immer wieder seine Existenz, aber er gibt dem Leser nur in Nebensächlichkeiten Orientierungshilfen, während er ihn bei den entscheidenden Fragen mit den Spekulationen und dem Informationsstand Cottas allein läßt. Nur bei Details wird das Wissen des auktorialen Erzählers auch für den Leser greifbar:

> Allein Echo wäre imstande gewesen, die Erklärung dafür zu verstehen und dem Römer zu übersetzen, daß für die Taubstumme ein Teppich nur so lange von Wert war, solange er wuchs und eingespannt blieb in das Gerüst [...] ihres Webstuhls. (194)

Hier muß der Erzähler als Übersetzer eingreifen, der dadurch mehr erfährt als Cotta. Der Erzähler verrät auch, daß ein Brief Cottas „die Via Anastasio niemals erreichen sollte" (198), er kennt die Träume Cottas, an die dieser „sich nie mehr erinnern sollte"

(232). Der Erzähler ist allwissend, bleibt aber dennoch hinter Cotta verborgen und wird weder als Sinnstifter noch als Erklärer tätig.

6.4 Erzähltechnik

In der *Letzten Welt* findet kein lineares, chronologisches Erzählen statt. In den ersten Kapiteln ergeben sich mit den Erlebnissen Cottas in Trachila und der parallel stattfindenden Filmvorführung in Tomi sogar Ansätze zu zwei verschiedenen Handlungssträngen, die jedoch im 5. Kapitel wieder zusammengeführt werden. Die Handlung wird durch Rückblenden auf Rom oder auf den Lebensweg von Bewohnern der eisernen Stadt, durch Binnenerzählungen und Träume unterbrochen. Die Rückblenden setzen assoziativ ein; als Cotta Pythagoras nach den *Metamorphosen* fragt und zunächst keine Antwort erhält, erinnert er sich daran, welche Bedeutung in Rom dem Text zuerkannt wurde.

> Das Buch. Wie von einem Bannspruch abgewehrt, ließ der Schatten von Cotta ab. Dann wurde es licht. [...] An den Wänden krümmten sich die Schatten. Das Buch. Wie lange hatte Naso an diesem verbrannten Buch geschrieben? [...] Das Buch [...], sagte Pythagoras [...], der da will unser Buch. Wie behende der Greis nun war, Licht hatte er gemacht, Feuer hatte er gemacht. (44–46)

Nach der „Erinnerungsschleife", deren Ende ebenso assoziativ mit der weiteren Entwicklung verknüpft ist wie der Anfang, wird weiter von dem aktuellen Geschehen berichtet. In diesen Fällen findet im Verhältnis zwischen erzählter Zeit und Erzählzeit eine starke Dehnung statt, während an anderer Stelle Wochen mit wenigen Sätzen zusammengefaßt werden (etwa 119f.). Ein zweites Beispiel für diese assoziative Entwicklung der Rückblenden: Pythagoras befreit die Inschrift in Trachila von den Schnecken. Er „betrachtete seine Arbeit: ICH HABE EIN WERK VOLLENDET" (52) ist zu lesen. Dieses „Vollendet" (52) greift der Roman auf und knüpft daran eine lange Erinnerung an die *Metamorphosen* in Rom an. Als Einleitung und Übergang dient dabei der Satz: „Vollendet. In Rom hatte man nur Fragmente gekannt." (52) In die Gegenwart zurück kehrt der Roman mit dem Satz: „Die

Steine waren entziffert." (75) Er setzt also genau an der Stelle wieder ein, an der die Erinnerung von der Gegenwart wegführte.

6.5 Optische Signale für den Leser

Optische Signale setzen für den Leser die Zifferzeichnungen von Anita Albus und das Herausheben mancher Wörter und Sätze durch kursiven Druck. Die Zeichnungen der römischen Zahlen drücken wesentliche Grundgedanken der *Letzten Welt* aus. Die strenge geometrische Form der Ziffern wird umrankt von Pflanzen, von Flammen umzüngelt, von Schnecken umkrochen; manche Zahlen scheinen auf dem Weg der Verwandlung zu sein, Teile von ihnen werden schon durch Vögel (21) oder Gewächse (75) repräsentiert. Diese Elemente verweisen nicht nur auf das Textgeschehen und übernehmen Leitmotive (Feuer (7), Pflanzen (143), Verfall (97, 119), Verwandlung) des Romans auch auf der bildlichen Ebene, sondern ein Grundkonflikt des Buches drückt sich in ihnen aus. Die Rationalität und Ordnung der Zahlen steht der Lebendigkeit und dem permanenten Veränderungsprozeß der Natur und der Phantasie gegenüber und unterliegt ihr.

Der Kursivdruck ist dagegen weniger eindeutig, sondern macht auf Verschiedenes aufmerksam: Eigennamen von Büchern, Filmen, Schiffen usw. werden so drucktechnisch kenntlich gemacht („Trivia" (8), *„Metamorphoses"* (53)). Die wenigen als direkte Rede wiedergegebenen Passagen, vor allem Ausrufe und Dialogfetzen, werden, allerdings nicht konsequent, unter Weglassung von Anführungszeichen so gekennzeichnet: „*Battus*, seufzte Fama." (253) Auf die gleiche Weise hervorgehoben werden direkte Zitate aus den Werken Ovids (15, 109, 127, 136, 141). Die wichtigste Funktion des Kursivdruckes ist die Betonung entscheidender Stellen. Der Leser erhält dadurch einen optischen Hinweis auf die Bedeutsamkeit einer Szene oder eines Wortes. Cotta „*mußte* den Verbannten finden" (224). „Es *war* also Sommer" (26) heißt es bei der Filmvorführung; dies ist ein erster Hinweis auf den alinearen Verlauf der Zeit und meint, daß es nicht nur im übertragenen Sinn durch die Ankunft des ansonsten nur im Sommer eintreffenden Cyparis, sondern real Sommer war. Ähnlich heißt es bei der Geschichte von der Pest in Aegina von den Ameisen, sie „*wurden* zu Armen und Beinen" (63).

7 Sprache

7.1 Mehrdeutigkeit der Sprache

Ein auffälliges Charakteristikum der Sprache der *Letzten Welt* ist ihre Mehrdeutigkeit. Dieser Sachverhalt steht in engem Zusammenhang mit dem Ablauf der Handlung und mit der Thematik. Da die „Cotta-Ebene" des Textes bis kurz vor das Ende als eigentliche Handlungsebene durchgehalten wird, muß Ransmayr viele Beobachtungen und Deutungen Cottas relativieren oder doch zumindest mit einem sprachlichen Signal versehen, das auf die Vordergründigkeit der getroffenen Aussage schließen läßt. Die Palimpsest-Struktur soll zwar angedeutet, jedoch nicht offengelegt werden. Die bis zum Schluß nicht aufgedeckte Pointe der Handlung bedingt diese Sprache. Gleichzeitig kann eine sich permanent wandelnde Welt nicht mit einer eindeutig festgelegten Sprache eingefangen werden. Daher passen die vielen sprachlichen Signale der Nicht-Eindeutigkeit zur Fragwürdigkeit der sichtbaren Wirklichkeit, deren Realität" nicht eindeutig zu fassen ist, wenn man nicht die Schablonen der römischen Bürokratie darüberlegt.

Bereits die vielen indirekten Reden tragen zu diesem Eindruck bei; die Konjunktivform in der indirekten Rede betont ja immer, daß hier die Aussage anderer Menschen wiedergegeben wird, ohne selbst für die Genauigkeit und den Wahrheitsgehalt zu bürgen. Noch deutlicher wird dies durch die häufige Verwendung von Verben wie „scheinen" (45, 47, 48, 50, 52, 53, 55, 60, 61, 70, 71, 72, 73), „erscheinen" (42, 47), „heißt es" (44) „gleichen", „ahnen" und Adverbien wie „scheinbar" (61, 66) und „vielleicht" (64, 65, 65). In die gleiche Richtung zielen die Fragesätze, die unbeantwortet im Raum stehenbleiben (47). Eine besondere Spezialität Ransmayrs, die sehr zu dem Eindruck der Unsicherheit und Verschwommenheit der Wirklichkeit beiträgt, sind die vielen irrealen Vergleichssätze: „Bilder, die [...] eine Schärfe annahmen, als habe es erst der Kälte dieses Gebirges [...] bedurft, um sich an sie zu erinnern." (42) „Und doch war es, als hörte Pythagoras auch dem Unhörbaren immer noch zu." (43) „Cotta entzifferte [...] die

Worte [...], bis ihm schließlich schien, als seien alle Möglichkeiten der Zusammensetzung und Verbindung der Bruchstücke in einer einzigen Nachricht erschöpft." (50) Immer wieder wird deutlich, daß Cotta hier denkt und zu einer Meinung gelangt, deren Richtigkeit der Text aber bewußt offenläßt.[15]

7.2 Stil

Die letzte Welt erregte nicht zuletzt aufgrund ihrer stilistischen Ausprägung besondere Aufmerksamkeit. Ransmayrs Stil liegt weitab vom alltäglichen Sprachgebrauch, wie auch von einem Stilideal der Einfachheit und „Natürlichkeit" der dichterischen Sprache. Dies zeigt sich bereits im oben erläuterten Verzicht auf wörtlich wiedergegebene Dialoge. Seinem Ausgangspunkt, dem Ovidschen Epos, entsprechend wählt er einen ausgefeilten, hohen Stil (genus grande). Daraus ergibt sich sein Bemühen um ein besonderes, poetisches Vokabular wie auch die Durchdringung des Textes mit versiert angewandten rhetorischen Mitteln. Der häufige Gebrauch von rhetorischen Figuren läßt sich bereits in den ersten drei Seiten nachweisen: Der Roman beginnt mit einer Anapher, die als dreifacher Parallelismus mit Klimax ausgeführt ist: „Ein Orkan, das war [...]. Ein Orkan, das war [...]. Ein Orkan, das war die Reise nach Tomi." (7 f.) Mit diesem dreifachen, erneuten Einsetzen der Ausführungen zum Thema „Orkan" wird der Leser in den Roman hineingezogen. Dabei kombiniert Ransmayr die Informierung des Lesers – von einer stürmischen Seereise nach Tomi ist zunächst die Rede – mit den subjektiven Eindrükken Cottas von diesem Vorgang, wobei die detaillierten und bildhaften Impressionen der eigentlichen Information des Lesers vorangehen. Diese Praxis ist charakteristisch für den ganzen Roman; im Zurückhalten der eigentlichen Information decken sich Makro- und Mikrostruktur.

Der Text berichtet zunächst weiter in der Außenperspektive von Cottas Leiden bei seiner Überfahrt. Aber nur wenige Sätze später kehrt der Roman zu der erlebenden Perspektive Cottas zurück, die wiederum mit einem dreifachen Parallelismus mit Klimax, Antiklimax und erneuter Klimax rhetorisch besonders herausgehoben wird, wobei die „Welt" jeweils als Hyperbel zu werten ist: „Aber die Dünung hob ihn, hob das Schiff, hob die ganze Welt hoch über den salzigen Schaum der Route hinaus, hielt alles einen Herzschlag in der Schwebe und ließ dann die Welt, das Schiff und den Erschöpften wieder zurückfallen in ein Wellental, in die Wachheit und die Angst." (8) Durch die Verbindung von Klimax und Parallelismus versucht die Sprache des Romans wie auch schon im Einleitungsabschnitt die Wellenbewegung nachzuvollziehen.

Mit der Rückkehr zu einer aus der Außensicht erzählenden Betrachtungsweise nimmt Ransmayr die rhetorische Gestaltung wieder zurück, obwohl auch in diesen Passagen einzelne rhetorische Figuren auftreten: Auf ein Polysyndeton, das im Gegensatz zu dem bewegten Anfang die allmählich einkehrende Ruhe in Cotta ausdrückt – „Cotta lag und starrte und rührte keine Hand" (9) –, folgen zwei weitere Anaphern: „Tomi, das Kaff. Tomi, das Irgendwo. Tomi, die eiserne Stadt." (9) „Der Fremde, der [...]. Der Fremde, der [...] – dieser Fremde kam aus Rom." (9) Auch hier geht der Roman wiederum den Weg vom Konkreten zum Allgemeinen und betont so durch die Endstellung nicht nur die zentrale neue Information, nämlich daß Cotta aus Rom kommt, sondern läßt sie auf diese Weise auch durch den Leser in einer ganz bestimmten Konnotation wahrnehmen. Cottas Fremdheit in Tomi, die ganze Gegensätzlichkeit von Metropole und Peripherie ist in dieser Anapher bereits angesprochen.

Der nächste Satz schließt mit einer Anadiplose, mit einer Wiederaufnahme des letzten Wortes, an und führt die Gegenüberstellung von Rom und Tomi weiter: „Aber Rom war in diesen Tagen ferner als sonst." (9) Die dritte Seite des Romans endet mit einem unnötig superlativierten Adjektiv und einer doppelten Alliteration, wobei die Häufung der klanglich wenig schönen Umlaute durchaus zur Charakterisierung Tomis dient: „Die **G**assen waren laut vom **G**etöse der **B**lechmusik und die Nacht vom **G**eplärr der Festgäste – **B**auern, **B**ernsteinsuchern und Schweinehirten, die aus den verstreuten Gehöften und den entlegensten Hochtälern des **G**ebirges gekommen waren." (9) Auch wenn der Autor auf den Beginn seines Textes in der Regel besondere Mühe aufwendet und diese Dichte an rhetorischen Figuren in der Folge nicht so durchgehalten wird, so charakterisiert dies doch seinen starken Stilwillen. Gleichzeitig ist die hier aufgezeigte Kombination von

– sprachlich oft durch rhetorische Mittel hervorgehobenen – subjektiven Eindrücken, die meist dem Bewußtsein Cottas entstammen, und eher berichtenden Passagen typisch für die *Letzte Welt*. Der Stil ähnelt dem der persönlichen Reportage, wie sie Ransmayr in seinen Beiträgen für *Merian, Geo* und *TransAtlantik* entwickelt hat; vor allem bei der Beschreibung Tomis und seiner Menschen wird dies sichtbar.

Auch in Satzbau und Wortwahl läßt sich der hohe Stil feststellen. Ransmayr meidet einfache Aussagesätze. Der Satzbau schwankt zwischen ausgefalteten, hypotaktischen Perioden und Einwortsätzen bzw. Ellipsen. Da Ransmayr Dialoge meist im Konjunktiv der indirekten Rede wiedergibt, findet sich zu dem von Ransmayr vollständig ausgenutzten Tempussystem der Verbformen auch die ganze Bandbreite des Modalsystems mit allen, meist nicht umschriebenen Konjunktivformen.

Ransmayrs Wortschatz hebt sich deutlich vom Alltagswortschatz ab. So verwendet er stets möglichst genaue Bezeichnungen – Pflanzen und Landschaftsformationen werden etwa mit den speziellen Fachtermini benannt (vgl. Kap. 6.1.1, 6.1.3) –, wenig gebräuchliche Worte werden eingesetzt („Sturzseen" (7), „Dünung" (8), „Schlossen" (236)). Auch mittels ausgesprochen poetischen Vokabulars distanziert er sich von der Alltagssprache: „die Welle [...], die auf das Schiff zusprang" (7), „seine Lungen verglühten" (108). Ein weiteres Kennzeichen der Ransmayrschen Sprache dient dem gleichen Zweck, nämlich durch eine genaue, detaillierte und differenzierte Schilderung die Welt des Romans vor dem Auge des Lesers möglichst plastisch entstehen zu lassen: Substantive werden oft noch näher bestimmt, sei es durch Adjektive („der saure Gestank" (7), „immer entlegenere Orte" (8), „ein blauer Wollschal" (8), „zerschlissenes Tauwerk" (8), „verschimmelte Orangen" (8), „von Schutt und Vogelkot bedeckte Eisschollen" (9), „grellfarbige Wandteppiche" (9), „entlegensten Hochtälern" (9)) oder durch die Bildung von Komposita („Aprilmorgen" (8), „Blechmusik" (9), „Festgäste" (9), „Schweinehirten" (9)). Durch diese Wortwahl und den Einsatz rhetorischer Figuren versucht Ransmayr stets, dem Geschilderten besonderen Glanz und Außergewöhnlichkeit zu verleihen. Dabei bleibt sein Stil unverändert, ob er nun Rom oder das armselige Tomi beschreibt, ob die Gedanken Cottas, die Reden Famas oder die Geschichten Nasos wiedergegeben werden. Besonders deutlich werden diese Stilmerkmale etwa bei dem Tod der Schnecken (49) oder bei der Zusammenfassung der drei letzten Filme von Cyparis (106–108). Hier zeigt sich auch deutlich die Tendenz zu Stilisierung und Überhöhung, die der *Letzten Welt* den Vorwurf des Ästhetizismus und der Überzogenheit des Stils eingebracht hat.

Ransmayrs Stil ist aber nicht ‹l'art pour l'art›. Stilhöhe und Sprachgestaltung sind zum einen durch die *Metamorphosen* Ovids vorgegeben (Ransmayr will schließlich keine Travestie der *Metamorphosen* verfassen!), zum anderen ergeben sie sich zwangsläufig aus dem Programm des Romans. Ransmayrs Stilideal läßt sich mit seinen eigenen Worten aus der *Letzten Welt* bezeichnen. Seine Sprache hat eine hohe poetische Funktion, sie soll das gleiche bewirken, was in Tomi das Episkop erreicht, das die „Dinge des Lebens heraushob und zu einer solchen Schönheit verklärte, daß sie kostbar und einzigartig wurden" (209). Hier liegt der Zusammenhang zwischen der Thematik des Romans und seiner Sprache. Die reale Verwandlung des Lesenden kann er natürlich nicht erreichen, um so mehr strebt er für seinen Text mittels der „Schönheit" seiner Sprache eine ähnliche Funktion und Wirkung an, wie es die Phantasieprodukte in Tomi haben, Tröstung und Kompensation für die Schrecknisse der Wirklichkeit und die Tristesse des Alltags.

8
Ovid, die „Metamorphosen" und „Die letzte Welt"

8.1
Die Entstehungsgeschichte der „Letzten Welt" aus den „Metamorphosen"

Der erste Anstoß zur *Letzten Welt* kam durch einen Übersetzungsauftrag. Ransmayr sollte eine neue Prosafassung der *Metamorphosen* auf Deutsch verfassen. Dieses Unternehmen verselbständigte sich jedoch zu einem eigenen Roman, der zwar auf die *Metamorphosen* rekurriert, sie jedoch nurmehr als Ausgangs- und Endpunkt heranzieht und in eine eigene Welt und einen eigenen Sinnzusammenhang transponiert. Zwischen dem Ausgangspunkt und dem Endprodukt lassen sich noch zwei Zwischenstufen nachweisen. Ransmayr veröffentlicht einen Abschnitt einer „Prosaisierung" der *Metamorphosen,* den Auftrag des kretischen Königs Minos an Daedalus, das Labyrinth für den Minotaurus zu bauen. Diese Szene ist bereits weit entfernt von einer Übersetzung. Sie baut zwar auf den wenigen Bemerkungen Ovids auf, fügt aber eigene Handlungsdetails und vor allem psychologische und philosophische Interpretationen hinzu, die sich bereits durchaus in Übereinstimmung mit dem Szenario und der Thematik der *Letzten Welt* befinden.[16]

Später publiziert Ransmayr einen *Entwurf zu einem Roman* (vgl. Mat. 4) mit folgender Inhaltscharakterisierung: „Sein Thema ist das Verschwinden und Rekonstruieren von Literatur, von Poesie; sein Stoff sind die Metamorphosen des Publius Ovidius Naso."[17] Aus dem Text der Übersetzung und der freien Nacherzählung ist nun der Lieferant für einen Stoff geworden. Jedoch bleibt der *Entwurf* noch auf einer realistischen Ebene. Allmählich gelingt eine Rekonstruktion der *Metamorphosen,* wird sozusagen eine Prosafassung des Epos aus den Berichten der Bewohner von Tomi zusammengestellt und durch die Rezipienten entsprechend vergröbert. Als Ausgangsposition behält Ransmayr dieses Modell auch für die *Letzte Welt* bei, nur daß die Scheidung von Realität und Imagination aufgehoben wird und die *Metamorphosen* nicht mehr als Text, dafür aber als Realität aufzufinden sind.

Das Verhältnis der Letzten Welt zu den Metamorphosen unterscheidet sich von einer Aufbereitung der Vorlage für die Gegenwart oder einer Transportierung in die Aktualität. Es ist nicht das Verhältnis wie zwischen Goethes *Die Leiden des jungen Werther* und Plenzdorfs *Die neuen Leiden des jungen W.;* die *Metamorphosen* sind nicht nur Vorlage und Bezugssystem, sondern auch Handlungsraum. Es läßt sich keine Trennung in alten und neuen Text vornehmen, sondern die Palimpsest-Struktur bestimmt das Verhältnis beider Texte.

8.2 Ovid als Initiator der Phantastik der „Letzten Welt"

Der phantastische Horizont, in dem die *Letzte Welt* steht, bezieht seine Legitimation von Ovid. Dies geht über die Grundidee der Verwandlungen hinaus. Seine Abhängigkeit von den *Metamorphosen* dokumentiert Ransmayr im Anhang. Aber auch seinem Tomi ist Ovid mehr verpflichtet, als es den Anschein hat. Aus den *Tristien* und den *Epistulae ex Ponto (Briefe vom Schwarzen Meer)* kann Ransmayr eine Fülle von Anregungen für seine *Letzte Welt* beziehen. In Ovids Sehnsucht nach Rom und der abqualifizierenden Beschreibung des barbarischen Lebens von Tomi ist die Aufteilung in Metropole und Peripherie vorgezeichnet. Aber auch die Aufhebung von Zeit und Raum läßt sich schon bei Ovid nachweisen. Denn auch er liefert keine realistische Beschreibung seines Verbannungsortes. So findet sich bei ihm schon der zweijährige Winter[18], zweifelt Ovid an einem linearen Verlauf der Zeit[19]. Der auch bei Ransmayr immer wieder auftretende Wermut[20] ist die Leitpflanze bei Ovids Beschreibung der kargen Vegetation, der das blühende Italien gegenübergestellt wird. Auch das Gebirge von Tomi läßt sich bei Ovid nachweisen: In den *Metamorphosen* verlegt Ovid, um Skythien, an dessen Rand Tomi liegt, zur denkbar negativsten Landschaft zu stilisieren, den Kaukasus dorthin (VIII, 797). Interessanter noch als solche Details sind Ovids Anmerkungen über die Bewohner dieser Region, die sich mit Ransmayrs Menschenbild decken:

> Betrachte ich die Menschen – die Menschen sind dieser Bezeichnung kaum würdig, wilder und grausamer als Wölfe sind sie. Sie fürchten

keine Gesetze, sondern Recht weicht der Gewalt, und Satzungen liegen besiegt unterm kampflustigen Schwert.[21]

Kein Wunder, daß Ovid das Gefühl hat, von manchen dieser Menschen für verrückt gehalten zu werden.[22] Unter diesen Bedingungen rechnet er „die Gestalt meines Schicksals unter die Verwandlungen [...], plötzlich gleicht es dem früheren nicht mehr; es ist bejammernswert und war einst heiter".[23] Neben den *Metamorphosen* sind auch die Schriften aus der Verbannung als Keimzelle der *Letzten Welt* zu werten.

8.3 Beziehung zwischen den „Metamorphosen" und der „Letzten Welt"

Einen ersten Überblick über die Fakten und Realien zu Ovid, seinen Werken und dem historischen Vorbild für Cotta gibt der Anhang zur *Letzten Welt* (294 f., 307 ff.).[24]

Die *Metamorphosen* lassen sich in ganz verschiedener Weise in der *Letzten Welt* wiederfinden. Einige direkte und unveränderte Zitate in Versform (15, 127) sind durch den Kursiv-Druck klar gekennzeichnet. In der Wirklichkeitsebene des Romans sind viele Figuren aus den *Metamorphosen* anzutreffen. Dies reicht von Namensübernahmen wie „Iason", „Memnon", „Ascalaphus", die ohne tieferen Zusammenhang der Namensträger aus der *Letzten Welt* mit den gleichnamigen Figuren des antiken Werkes erfolgen, über Gestalten, bei denen ein Moment identisch ist wie die übergroße Trauer bei Cyane, das Geschrei bei Marsyas, die Redseligkeit bei Fama, bis hin zu relativ ähnlichen Verwandlungsepisoden wie bei Tereus, Procne und Philomela. Daneben wird ein weiterer Bereich der *Metamorphosen* durch verschiedene Fiktionen innerhalb des neuen Textes wiedergegeben, durch die Rekapitulationen Echos von Nasos Geschichten, durch Cottas Rückblicke auf Nasos römisches Wirken, durch die Verfilmungen, durch den Traum Cottas in Trachila, durch die Faschingsmaskerade der Bewohner von Tomi und durch verschiedene kleinere Elemente wie die Zeichnungen auf dem Planwagen von Cyparis. Obwohl bis auf Cotta und Naso das gesamte Personal der *Letzten Welt* aus den *Metamorphosen* stammt, kann Ransmayr nur einen kleinen Teil des Figureninventars von Ovid übernehmen. Ein Prinzip hinter dieser Auswahl ist nicht zu erkennen.

Ransmayr übernimmt keine Passage unverändert. Aus der Perspektive der *Metamorphosen* sind alle Figuren verfremdet. Aus der spielerisch leichten, kaum greifbaren Welt des Epos sind sie meist in die bedrohliche, düstere und arme Welt von Tomi versetzt und ihr angepaßt worden.

Ist es legitim, so mit einem für die abendländische Kultur- und Bildungsgeschichte zentralen Werk umzugehen, es dermaßen zu plündern und umzufunktionieren? Von der Spätantike bis ins 18. Jahrhundert waren die *Metamorphosen* einer der bekanntesten und meistgelesenen antiken Texte. Sie dienten als Quelle für mythologisches Wissen, als Vorlage für unzählige Werke der bildenden Kunst und für viele literarische Texte (etwa die Philemon und Baucis-Episode bis hin zum *Faust II* Goethes). Besonderer Beliebtheit erfreute sich die didaktisierende Aufbereitung und allegorische Auslegung der *Metamorphosen* zum *Ovidus moralizatus* (1342, 1509 erstmals gedruckt) als moralisches Hand- und Lehrbuch. An diese Tradition einer erbaulichen Auslegung, die mit dem 18. Jahrhundert ausläuft, knüpft Ransmayr nicht an. Sein Umgang mit den *Metamorphosen* ist nicht von einem didaktischen Interesse getragen, sondern im Gegenteil, sein Anknüpfungspunkt ist die spielerische Ungebundenheit der Phantasie, wie er sie bei Ovid vorfindet. Damit greift er auf das entscheidende und neue Element in Ovids Epos zurück. Denn auch zu Ovids Zeit hatten zumindest die antiken Götter durchaus noch eine kultische und religiöse Bedeutung. Ovid sieht jedoch die gesamte Mythologie losgelöst von ihrem ursprünglichen, kultisch-religiösen Bezug. Sie ist für ihn ein unerschöpfliches Reservoir an Geschichten und grundlegenden menschlichen Verhaltensweisen, die ihre Gültigkeit und Aktualität auch für seine Zeit bewahren. Ovid schöpft – hierin liegt in gewisser Weise eine Parallele zu Ransmayrs Vorgehensweise – aus einem bereits festgelegten Fundus, aus der gesamten antiken Mythologie, zum Teil schon in seinem Sinn aufbereitet durch hellenistische Vorläufer. Ovid wählt daraus das zu seinem Verwandlungsmotiv Passende aus. Obwohl in seinem Epos durchaus Sinn- und Bedeutungsstrukturen erkennbar sind (naturphilosophische, psychologische, moralische, ästhetische), dominiert aufs Ganze gesehen eine spielerische

Grundeinstellung. Ransmayrs Unterfangen, diesen Text nun seinerseits zum Gegenstand eines neuen Spiels zu machen, ist daher die poetische Legitimation nicht abzusprechen. Ein kurzer Vergleich beider Texte soll der Beziehung der *Letzten Welt* zu Ovid noch näher nachgehen.

Unbezweifelbar ist die Sprache der *Letzten Welt* Ransmayrs eigenständige Leistung. Aber sein hoher Stil trifft sich mit dem hohen Stil des antiken Epos, seine Stilmittel, rhetorische Figuren, vor allem Alliterationen und Anaphern, Abwechslung des Wortschatzes, hypotaktischer Satzbau, finden sich auch bei Ovid. Ransmayr verändert zwar auch die inhaltlich weitgehend beibehaltenen Textpassagen aus den *Metamorphosen* stets, doch manche Bilder Ovids werden in abgewandelter, aber noch erkennbarer Form mitübernommen; vor allem, wenn er Erzählungen Nasos wiedergibt, etwa bei der Beschreibung der Sintflut oder der Pest in Aegina (162–165; 61–64; *Metamorphosen* I, 260–312; VII, 517–660) wird dies deutlich sichtbar.

> Jener fährt im Schiff über Saaten dahin oder über den First seines untergegangenen Hofes. Der trifft auf einen Fisch im höchsten Wipfel der Ulme, und, wenn der Zufall es will, ankert man auf grünender Wiese oder der Kiel streift versunkene Reben. Wo eben noch magere Ziegen das Gras abweideten, strecken nun ungestalte Robben die Leiber. Verwundert betrachten die Nixen Haine und Städte und Häuser unter dem Wasser. In Wäldern hausen Delphine, schwimmen gegen hohe Zweige und schlagen an wankende Eichen. [...] Lange hat er nach Land gesucht, wo er rasten könnte – dann stürzt mit ermatteten Flügeln der flatternde Vogel ins Meer.[25] (*Metamorphosen,* I, 295–308)

Ransmayr verwendet bei seiner Beschreibung der Sintflut Bilder, die gerade im Detail durch ihre Abweichung von Ovid erkennen lassen, wie sehr die *Metamorphosen* als Ausgangspunkt dienten:

> Dann fielen auch die Vögel auf der vergeblichen Suche nach einem Ort der Rast erschöpft in die Wellen und sanken in Schwärmen an die Felder und Städte des Grundes hinab. In den kahlen Alleen, durch Säulengänge und Arkaden glitten Delphine dahin; auf den Dachfirsten wuchsen Seeanemonen, auf Schornsteinen Korallen. Flundern tarnten sich im Staub der Straßen. (164)

Ein Stilmittel, für das die *Metamorphosen* berühmt sind und das sich aus dem Verwandlungsmotiv ergibt, nämlich überraschende

Wendungen so lange wie möglich hinauszuzögern – sprachlich zeigt sich das an der absoluten Endstellung neuer Informationen (des Rhemas) –, findet sich aus dem gleichen Grund auch bei Ransmayr:

> Fama schrie. Denn noch bevor sie entsetzt und zärtlich über die Stirn ihres Sohnes strich, wußte sie, daß dieses verstörte Wesen, das sie unter Qualen geboren und am Leben erhalten hatte, zu Stein geworden war. (214)

Dieser Vorgehensweise im Detail (vgl. Kap. 7.2) entspricht auch die Gesamtstruktur des Romans mit dem Zurückhalten der expliziten Auflösung bis zum Schluß.

In der Struktur unterscheiden sich beide Texte voneinander. Die fünfzehn Bücher der *Metamorphosen* haben – obwohl unter dem Gattungsbegriff Epos aufgeführt – keine durchgehende Handlung. Thematisch und bildlich sind sie durch den Verwandlungsgedanken sowie durch ein grobes Zeitschema von der Entstehung des Kosmos bis zur Gegenwart des Augustus verknüpft, oft aber auch nur durch Assoziationen aufgrund vergleichbarer Schicksale oder räumlicher Nähe. Die fünfzehn Kapitel in Ransmayrs *Letzter Welt* bilden einen einheitlichen Erzählraum mit einer verbindenden Handlung aus. Die Verwandlungssagen müssen daher sinnvoll in ein Geschehen integriert werden. Dies zwingt Ransmayr dazu, viele Metamorphosen als fiktive Episoden einzuflechten. Bei diesem Vorgehen kann Ransmayr aber auch auf Ovid zurückgreifen. Auch die *Metamorphosen* kennen die Binnenerzählung innerhalb des Gesamttextes, etwa – von Ransmayr variiert übernommen – die Webereien Arachnes, die ihrerseits wieder Verwandlungssagen darstellen.

Gibt es, außer der Tatsache der Verwandlung selbst, weitergehende Übereinstimmungen in den Metamorphosen zwischen Ransmayr und Ovid? Ein Unterschied sticht sofort ins Auge: Bei Ovid sind die – sehr anthropomorphen – Götter die Urheber der Verwandlungen. Sie setzen ihre Macht ein zur Bestrafung, zum Schutz oder Trost der Verwandelten, oder aber als List und Tarnung, um ihre (oft sexuellen) Vorhaben leichter zu erreichen. Jupiter ist bei Ovid auch für die Sintflut verantwortlich. Bei Ransmayr erfolgen die Metamorphosen spontan. Ihr Urheber ist – leicht erkennbar bei den fiktiven Binnentexten – die Phantasie

Nasos. Diese Phantasie arbeitet interesselos und wirkt sich daher bei den realen Verwandlungen meist positiv aus, erlöst die Menschen von ihrem eingeschränkten Dasein und verhilft ihnen zu einer, ihr menschliches Schicksal kompensierenden, neuen Gestalt (vgl. Kap. 5.3), sofern sie nicht einen globalen Untergang inszeniert, wie in der Geschichte von der „kommenden, allesvernichtenden Flut" (169). Auch bei den *Metamorphosen* besteht oft ein Zusammenhang zwischen vorheriger und verwandelter Gestalt. Er beruht aber nicht auf einer Umwandlung zum Gegenteil, sondern in einer metaphorischen Fortführung. Lykaon, bei Ovid ein räuberischer und gieriger König, kann diesen Eigenschaften nach seiner Metamorphose zum Wolf treu bleiben, Arachne kann als Spinne weiter weben, und Daphnes Schönheit ziert auch noch den Lorbeerbaum. Jedoch stimmen diese Aussagen sowohl zu Ovid wie zu Ransmayr nur tendenziell und können nicht verallgemeinert werden. Ein Prinzip schematisch durchzuhalten vermeiden beide Texte mit Absicht.

Die deutliche Abweichung von Ovid bei gleichzeitig erkennbar bleibender Herkunft der Metamorphose ist grundlegend für Ransmayr. Er demonstriert sie in dem angehängten „Ovidischen Repertoire", das einerseits dem Nicht-Ovid-Kenner aufschlußreiche Vorhinweise gibt, das andererseits dem Ovid-Kenner den problemlosen Vergleich ermöglicht – und ihm dennoch Freiraum für eigene Entschlüsselungen läßt. Denn das Inventar deckt nicht alle angedeuteten Metamorphosen auf, Cottas Traum in Trachila zum Beispiel oder die knapp zusammengefaßten Berichte Echos werden nicht aufgelistet. Überdeutlich wird dadurch auch, daß zum Verstehen der *Letzten Welt* keine Ovid-Kenntnisse nötig sind. Sie eröffnen allerdings eine weitergehende Leseperspektive. Der Rückgriff auf Ovid erfüllt daneben noch eine ganz andere Funktion. Er weist die *Letzte Welt* als ein Buch der Hoch- und Bildungskultur aus und legitimiert dadurch den Fantasy-Charakter des Textes. Dies sichert ihm eine ganz andere Aufnahme durch die Kritik.

So wie Ransmayr mit dem Leser sein Verwirrspiel treibt, so läßt sich auch die Beziehung seines Romans zu den *Metamorphosen* nicht eindeutig fixieren. Aber wie bei Ovid hinter dem spielerischen Reigen der Verwandlungen ein thematischer Grundgedanke sichtbar wird, so auch bei Ransmayr. Und auch auf dieser

Ebene steht die *Letzte Welt* in einem engen, teils gegenläufigen, teils parallelen Verhältnis zu Ovid.

> Ovid schildert sie [die Welt] im Anschluß an die Mär vom goldenen Zeitalter konsequent, wie sie ist. Von Streit zerrissen, von Neid und Haß erfüllt, Schauplatz grausiger Geschehnisse, den Launen eines scheinbar blinden Schicksals und menschlich-unvollkommener Götter rettunglos preisgegeben.[26]

Das negative Menschenbild der *Letzten Welt* findet hier seine Parallele. Die Apotheose Ovids und seiner Kunst am Ende der *Metamorphosen,* die Ransmayr als Inschrift in Trachila zitiert, zeugt von einer vergleichbar hohen Wertschätzung von Kunst und Phantasie, wie sie auch *Die letzte Welt* artikuliert. Ransmayrs Roman ist eine Huldigung an die Macht und Bedeutung der Kunst.

In bewußten Gegensatz zu Ovid stellt sich Ransmayr jedoch mit der Umkehrung von dessen Chronologie. Während die *Metamorphosen* mit der naturphilosophischen Deutung der Verwandlungen enden und damit dem Leser ein Erklärungsmodell jenseits der Mythengläubigkeit präsentieren, steht am Schluß der *Letzten Welt* die Entstehung des Götterbergs Olymp. Geht der eine Text vom Mythos zu Vernunft und Aufklärung (nicht aber zum Rationalismus), so endet der andere bei der mythenbeschaffenen Phantasie, die der zur Unterdrückung verkommenen Herrschaft der Vernunft entkommen ist und keine weitere Erklärung mehr braucht. Bei Ovid spielt die Vernunft mit Ausnahme der Pythagoras-Rede keine große Rolle, kritisch gesehen wird jedoch nur ihre Schwäche gegenüber den menschlichen Leidenschaften, nicht aber ihre Fähigkeiten an sich.

Ebenso unterschiedlich bleiben die Weltuntergangsvisionen beider Texte. Die Sintflut ist bei Ovid eine Menschheitskatastrophe aus der Vorzeit, eine Erinnerung an die Vergangenheit, die die imperiale Größe der Gegenwart nicht belasten oder bedrohen kann. Für Ransmayr dagegen steht das Ende der Menschheit als apokalyptisches Szenario oder aber als langsames Rückverwandeln in Natur für die Zukunft bevor.

9
„Die letzte Welt“ als ein Beispiel postmodernen Schreibens

9.1
Der Begriff „Postmoderne“

Seit Mitte der achtziger Jahre beherrscht dieser Begriff die intellektuelle Debatte in Deutschland. Definition wie die Berechtigung dieser neuen Vokabel sind umstritten. Eine Einführung in die Auseinandersetzung und ein Versuch der Begriffserklärung kann hier nicht geleistet werden (vgl. Mat. 5).[27] In diesem Begriff bündelt sich die Reflexion über Veränderungen, die nicht nur isolierte gesellschaftliche Phänomene und einzelne Kunstgattungen betreffen, sondern die die gesamte kulturelle Lage der „postindustriellen“, informationstechnologischen Gesellschaft umfassen. Diese Sichtweise hat das Bedürfnis nach einer neuen Benennung hervorgebracht. Daß die eine klare Epochengrenze zur Moderne suggerierende Begriffswahl nicht glücklich ist, zeigt bereits der Titel eines philosophischen Werkes eines der führenden Vertreter dieser Richtung in Deutschland: *Unsere postmoderne Moderne.* Dezidiert wendet sich die in sich stark zu differenzierende Philosophie der Postmoderne gegen neuzeitlich-aufklärerische Postulate, wie idealistische (oder materialistische) Ganzheitskonzepte, den Vernunftglauben, das Vertrauen auf ein identisches Subjekt, die Möglichkeit der menschlichen Emanzipation, die gesellschaftlichen Utopien, den Anthropozentrismus in der Weltbetrachtung. Erkenntnisse der ästhetischen Moderne (Nietzsche, die „Wiener Moderne“ um 1900) und der von dieser Moderne ausgehenden Vernunftskritik (Freud, Adorno, Horkheimer) gehen unverzichtbar in das Konzept der Postmoderne ein. Die Postmoderne verstärkt und popularisiert Elemente der Moderne: sie geht auf andere Art und Weise auf die Phänomene, sei es der Literatur oder der Gesellschaft, ein und ist daher weniger eine neue Epoche als „ein Gemüts- oder vielmehr Geisteszustand“[28] (Lyotard).

Am deutlichsten ausgeprägt und am einleuchtendsten ist der Paradigmenwechsel von der Moderne zur Postmoderne in der Architektur. Der postmoderne Baustil verabschiedet die funktionalistische Bauhaus-Architektur. Er setzt statt dessen Vielfältigkeit, funktionslose Ornamentik, Mischung verschiedener historischer und regionaler Baustile, Kombination von gefälligem, populärem Formenschatz mit einer, nur einer Fachelite verständlichen Anspielungstechnik auf andere Stile (z. B. der Neubau der Staatsgalerie in Stuttgart von Stirling) ein – Beliebigkeit in den Augen der Kritiker. Ad acta gelegt wird auch das Bestreben nach einer innovatorischen Überbietung des Vorangegangenen, der Anspruch der Avantgardekunst.

In der Literatur kann die Ablehnung von Rationalität und Vernunft nicht das Kriterium für postmoderne Einstellung sein, da dies bereits in den Konzepten der modernen Literatur, etwa des Surrealismus und des Dadaismus, ein zentraler Aspekt war. Zumal in der deutschsprachigen Literatur ein postmodernes Schreiben nicht so klar und prinzipiell von einem modernen, aber auch von einem traditionellen Schreiben zu trennen ist. Den „klassischen" literarischen Text der Postmoderne gibt es nicht, und entsprechend der Vielfältigkeit und Fluktuation dessen, was unter dem Begriff Postmoderne ästhetisch, philosophisch und soziologisch verstanden wird, gibt es – zumindest im momentanen Stand der Debatte – auch stets nur postmoderne Elemente in oder postmoderne Perspektiven auf literarische Texte. *Die letzte Welt* steht auf mehrfache Weise im Kontext postmoderner Überlegungen. So bezieht sie aktuelle philosophische Gedanken aus dieser Richtung in ihre fiktionale Welt ein, die Grundstruktur von Ransmayrs Text läßt sich zudem als charakteristisch für postmodernes Wirklichkeitsverständnis deuten.

9.2 Parallelen zur postmodernen Philosophie in der „Letzten Welt"

Ransmayr hat sich selbst bisher noch nicht theoretisch zu dem philosophisch-poetologischen Horizont geäußert, in dem er *Die letzte Welt* sieht. Viele thematische Aspekte seines Buches lassen sich jedenfalls in den Zusammenhang mit zentralen Thesen der aktuellen Postmoderne-Debatte stellen, lassen sich aber ebenso gut auf philosophische Texte zurückführen, die weit vor der Entstehung des Begriffs Postmoderne entstanden sind (und auch von postmodernen Theoretikern aufgegriffen werden). Ransmayrs

Vernunftkritik, seine Darstellung des hierarchischen Verwaltungsapparats, dessen Rationalität in Terror und Unterdrückung der einzelnen Menschen umschlägt, hat ihre Wurzeln in der Analyse der instrumentellen Vernunft der *Dialektik der Aufklärung* Horkheimers und Adornos. Dieser Text stellt aber auch einen Kronzeugen für die Kritik am Vernunftdiktat und der Unterdrückung aller Abweichungen aufgrund der zentralistisch und gewaltsam durchgesetzten Einheitlichkeitsbestrebungen dar. In der Zivilisationskritik und der Gegenüberstellung von Staat, Ordnung, Unterdrückung der Kunst mit Chaos, Wildheit und ungebändigter Phantasie lassen sich die Linien von Ransmayr bis zurück zu Nietzsche ziehen, dessen Renaissance nicht ohne Grund in Deutschland im Kontext der Postmoderne-Debatte verlief.

Ebenso den aktuellen Debatten verbunden zeigt sich Ransmayr mit der Auflösung des autonomen Subjekts. Der Held seines Romans, Cotta, bleibt orientierungslos in der ihm undurchschaubaren Welt. Er stellt kein Individuum dar, das sich seiner selbst sicher und bewußt ist und entsprechend eigenen Normen und Intentionen handelt. Vielmehr ist seine Identität weitgehend abhängig von seiner Umwelt, wie die rasche Wandlung vom Römer zum ununterscheidbaren Bewohner Tomis zeigt. Weder in Rom noch in Tomi ist ihm ein selbstbestimmtes Leben möglich. Sogar das, was er für seine erste ureigene Entscheidung hält, Naso zu suchen, erweist sich nur als ein Reflex auf seine durch die römische Gesellschaft geprägte, psychische Befindlichkeit. Im Jargon der Postmoderne gesprochen, unterliegt er der „Dekonstruktion“ des Subjekts, zeigt sich an ihm, daß das „Ich“ durch vielfältige, sich in ihm kreuzende „Diskurse“ (d.h. in der Gesellschaft existente Normen, Lebensvorstellungen, Welterklärungen) konfiguriert wird, ohne daß ein einheitliches, autonomes Subjekt dahinterstünde. Die plötzliche und unerklärbare Verwandelbarkeit der Menschen und der gesamten Welt in Ransmayrs Roman zeigt auf drastische Weise, wie wenig ein an der Vernunft orientiertes Ich, sei es das Cottas oder auch das Bewußtsein des Lesers, diese Welt erklären, einen Sinn in ihr entdecken oder in sie hineinlegen kann. In dem spielerischen Rahmen des Textes gelingt dies noch, aber nur durch den Verweis auf einen anderen Text. Eine Übertragung auf die Realität des Lesers läßt sich nicht mehr leisten, es sei denn, man verstände die *Letzte Welt* als Parabel auf die

Unerklärbarkeit der Welt, der der einzelne ausgeliefert ist und sich nicht dagegen wehren kann.

Die Sehnsucht der Menschen in der *Letzten Welt* selbst richtet sich, intuitiv oder wie bei Naso explizit ausgesprochen, auf die Auflösung des Subjekts, auf eine Befreiung vom Dasein, psychoanalytisch gesprochen: auf eine Realisierung des Todestriebs. Daher ist ihr Interesse an der momentanen Verzauberung durch Kunst und Phantasieprodukte so groß. Die endgültige und reale Auflösung und Umwandlung dieses Menschen ist konsequenterweise auch die einzige Utopie der *Letzten Welt.* Nur auf diese Weise kann die Sehnsucht des Menschen nach Ganzheit und nach Einheit mit der Natur erfüllt werden und nur in dem – durch die vernunftkritische Postmoderne wieder verstärkt herangezogenen – mythologischen Inventar und mythischen, der Rationalität entbundenen Geschehen kann dies dargestellt werden.[29]

Die Legitimität eines phantastischen Romans und der Wirksamkeit der Phantasie steht unter postmodernen Vorzeichen außer Frage. Da Rationalität aus postmoderner Perspektive als Unterdrückung erscheint und die Rückkoppelung der Literatur auf eine fixierte Wirklichkeit als willkürliche Einschränkung, steht die Postmoderne allen alogischen und nichtrationalen Gestaltungen positiv gegenüber. Der Rückgriff auf den Mythos dient nicht der Weltdeutung oder der prägnanten Vergegenwärtigung der augenblicklichen Situation; es findet also weder ein Rückfall zu einem mythischen Weltbild statt, noch eine „Arbeit am Mythos" (Blumenberg) zur Aktualisierung der in ihm angelegten Fähigkeit zur Reflexion und Selbsterkenntnis der Grundfragen des Menschen. Der Mythos wird nicht als sinnhaftes Deutungsangebot eingesetzt, sondern als Spiel. Er stellt den um alle Realien unbekümmerten Phantasieraum für Ransmayr zur Verfügung.

Allerdings sind nicht alle Elemente der *Letzten Welt* mit postmodernen Grundsätzen kompatibel. Die strikte, bipolare Trennung in Peripherie und Metropole steht deren Vorstellungen von Vielfältigkeit und Uneindeutigkeit gegenüber. Auch der gesellschaftliche und anthropologische Pessimismus ist nicht zwangsläufig ein Produkt postmodernen Denkens, er findet dort sowohl Verbündete (Baudrillard) wie Gegner (Lyotard).

9.3
Die Auflösung der Referenzebene

Ransmayrs Text ist nicht nur thematisch mit der aktuellen postmodernen Philosophie verknüpft, sondern er enthält Merkmale, die für eine postmoderne Wahrnehmung der Realität charakteristisch sind, so daß man bis zu einem gewissen Grad von einem postmodernen Roman sprechen kann. Die Kompilation verschiedener Zeiten zu der fiktiven des Romans, die auf keine historische Realität mehr ausschließlich beziehbar ist und sowohl auf historische Ereignisse wie auf eine aktuelle Gegenwartsdiagnose verweist, entspricht den postmodernen Vorstellungen von Pluralität und Mehrdeutigkeit. Dies ist aus der Sicht der Postmoderne kein Bruch mit dem Realismus, sondern entspricht vielmehr dem Stand der Zeit. Denn was Realität ist, läßt sich im informationstechnologischen Zeitalter nicht mehr mit Bestimmtheit festlegen. Digitalisierbare Informationspartikel bilden die Grundlage einer Realität in postmoderner Deutung. Diese Informationen lassen sich aber per Computer beliebig zusammensetzen und variieren, so daß sie von dem Ausgangsmaterial unabhängig werden. Die „Erfindung der Wirklichkeit" (287) ist für die EDV kein Problem und nichts „unrealistisches", wie die vielen Simulationsmodelle beweisen. Die Grenze zwischen den Tatsachen und den Imaginationen ist aufgehoben, in der *Letzten Welt* wie in der „Realität". Dementsprechend kann Ransmayr verschiedene Versatzstücke historischer und aktueller Realität mit fiktiven Vorgängen kombinieren.

Eng damit verbunden ist die Intertextualität des Romans, die Palimpsest-Struktur der *Letzten Welt,* ihre Bezüge zu den *Metamorphosen* und den *Tristien* Ovids.

> Eine zentrale These postmodernen Denkens besagt, daß in unserer Gesellschaft die Zeichen nicht mehr auf ein Bezeichnetes verweisen, sondern immer nur auf andere Zeichen, daß wir mit unserer Rede so etwas wie Bedeutung gar nicht mehr treffen, sondern uns nur in einer endlosen Signifikantenkette bewegen.[30]

Es gibt keine Referenzebene mehr, keine Realität, auf die der Text verweisen würde, auf die der Leser ihn beziehen könnte, sondern nur wieder einen anderen Text, der als Referenzebene dient. Da aber der Realitätsbezug und die Referenzebene der *Me-*

tamorphosen ebenfalls sehr vage sind, zumal für den Leser von heute, setzt sich dieses Spiel ins Unendliche fort. In dem „Ovidischen Repertoire“ (289–317) stehen sich beide Texte gegenüber und verweisen aufeinander, ohne daß dies eine Klärung brächte. Im Text ist das Verhältnis noch unklarer, da die Intertextualität dort nicht einer strikten Zweiteilung gehorcht, sondern die Übergänge zwischen dem Bezugstext und der neuen Fiktion nicht klar zu ziehen sind und beide Texte, als Palimpsest verbunden, permanent ineinanderübergehen. Die Auflösung des Wirklichkeitsbegriffes ist nicht nur ein Thema des Romans, sondern wird literarisch exemplifiziert, die Dekomposition von Zeit, Raum, Handlung und Sinn findet im Text selbst statt. Im Roman zeigt sich, daß er nicht das ist, was er zu sein vorgibt, daß es sich um keinen Antiken- oder Kriminalroman handelt, daß die Wirklichkeit der fiktionalen Ebene nicht trägt und daß der Erzähler dies genau weiß. Die Diagnose der postmodernen Philosophie, daß im Zeitalter der Simulation keine Unterscheidung zwischen Realität und Schein mehr möglich ist, findet sich unmittelbar im fiktionalen Geschehen der *Letzten Welt* wieder. Cotta sucht bis zum Schluß nach einer Erklärung, nach einem Sinn der Vorfälle in Tomi, aber erst am Ende erkennt er ihre Bedeutung in dem Bezug auf die nun Wirklichkeit gewordenen *Metamorphosen.* Aber, so läßt sich fragen, was ist damit letztlich als Erklärung gewonnen? Denn auch dadurch ist keine Wirklichkeit als Bezugspunkt gewonnen. Die Lesbarkeit der *Letzten Welt* als Spiel ist dadurch unwiderlegbar gegeben, und alle interpretatorischen Bemühungen, wie sie auch hier geschehen sind, können nicht sicher sein, daß es ihnen in ihrer Suche nach Sinn im Text nicht geht wie Cotta in Tomi, der auf überkommene Erklärungsmuster und oberflächliche Signale hereinfällt, während die *Letzte Welt* nichts anderes sein will als ein intertextuelles Bezugssystem.

9.4
Die Mehrfachkodierung des Textes

Eng mit der Intertextualität und dem Palimpsest-Charakter hängt ein weiterer Aspekt zusammen, der *Die letzte Welt* in den Kontext postmoderner Literatur stellt und vor allem bei der nordamerikanischen Formulierung dieses Begriffs eine wichtige Rolle spielte (vgl. Mat. 6): Es ist seine Mehrfachkodierung. Damit ist nicht gemeint, daß er, wie jeder literarische Text, verschiedene Lesearten eröffnet, sondern daß der Autor prinzipiell mehrere, ganz unterschiedliche Erwartungenshaltungen der Literatur gegenüber berücksichtigt. Auf diese Weise entstehen völlig verschiedene Zugangsmöglichkeiten zu dem Roman, die ihn gleichermaßen einem gebildeten Publikum wie einem nichtsahnenden Leser verständlich werden lassen. Die strenge Trennung von artifizieller und ästhetisch hochstehender Literatur für ein sehr begrenztes Publikum und Trivialliteratur für die Masse wird tendenziell aufgehoben wie in dem in vielen Punkten vergleichbaren Roman *Im Namen der Rose.* Auch Ecos Roman vereinigte unterschiedliche Zugangsmöglichkeiten, von einer Kriminalstory über ein breites und wissensgesättigtes Panorama mittelalterlicher Kultur bis hin zu verborgenen Anspielungen auf die Gegenwart. Für eine intellektuelle und kulturelle Elite steht Ransmayrs raffiniertes Spiel mit den *Metamorphosen* und dessen postmoderner Hintergrund im Zentrum. Durch den Umweg über die bildungsgeschichtlich legitimierte antike Mythologie wird auch Text der phantastischen Literatur, ein Fantasy-Text in die Hochkultur aufgenommen. Für Leser ohne literaturgeschichtliche Kenntnisse bietet *Die letzte Welt* eine – durch andere Texte dieses Genres und vor allem durch das Kino vertraute – Lektüre einer phantastischen Welt.

Allerdings zeigen Ransmayrs Bemühungen im Anhang und sein Sprachstil, daß das von ihm anvisierte Publikum eher das sein dürfte, das mit dem Bildungsspiel umgehen kann und nicht eines, das den Text als mysteriöse Verwandlungsstory liest.

Strukturskizzen

Kapitel	Ort	Zeit	Zentrale Figur neben Cotta	Spannungs-erzeugung
I.	Tomi (Rom) (Trachila)	Winterende (April)		1. Aufbruch nach Tr.; Pythagoras für Naso gehalten
II.	Tomi		Cyparis	
III.	Rom (Trachila)		Pythagoras	Existenz der *Met.* bezeugt
IV.	Tomi (Trachila)		Lycaon	Battus für Naso gehalten
V.	Tomi (Rom)	Frühling (Anfang Mai)	Echo, Cyparis	
VI.	Rom	Hitze		
VII.	Tomi Rom	Trockenheit	Echo	Rekonstruktion der *Met.* möglich
VIII.	Tomi		Arachne	
IX.	Tomi	Hochsommer (August)	Battus	
X.	Tomi	Herbst (September)		
XI.	Trachila	Regen		2. Aufbruch nach Tr.
XII.	Trachila			Baumstamm für Naso gehalten
XIII.	Tomi	Regen	Fama, Thies	Aufschlüsse über *Met.* aus Stoffetzen
XIV.	Tomi	Winter (Januar) mild, Regen	Procne, Philomena	
XV.	Tomi (Trachila)		Tereus	3. Aufbruch nach Tr.; *Met.* gefunden: zur Realität geworden

Abkürzungen: *Met.* = *Metamorphosen*
Tr. = Trachila

Römisches Imperium/Kulturraum

ROM	⟷	**TOMI**	TRACHILA
Metropole	⟷	Peripherie	
Stabilität		Verfall	
Ordnung		Chaos	
Herrschaft		Herrschaftslosigkeit	
Bürokratie		Auf-sich-gestellt-Sein	
Naturbeherrschung		Ausgeliefertsein	
Vernunft		keine Triebkontrolle	
Kontrolle		Abgeschiedenheit	
Unterdrückung		Ungebundenheit	
Langeweile		Mühsal, Härte	
Luxus		Armut	
Kulturbetrieb/ Unterhaltung		Monotonie	

N A T U R R A U M

„Wolfscharakter“ des Menschen

in der Massengesellschaft		als auf sich gestellter einzelner
↓ Symbol: Nashorn		↓ Symbol: Efeu, Moos, Rost
Verfall der Phantasie	⟷	hohe Bedeutung der Phantasie

wird → Naso —verbannt→ —flieht→

Cotta —flieht aus Ehrgeiz, Überdruß, Langeweile / sucht Naso und die Metamorphosen→ - - - →

Kulturraum/Römisches Imperium

Unterrichtshilfen

1
Didaktische Aspekte

Der Zugang zu Ransmayrs *Letzter Welt* ist als eher schwierig einzustufen. Mehrere Probleme stellen sich:

- Die mitunter prätentiöse Sprache wird unter Umständen bei Schülern zunächst Widerstände hervorrufen, die erst überwunden werden müssen.
- Die eigene Welt zwischen Antike, Moderne und Phantastik, die der Roman erzeugt, verlangt eine gewisse Bereitschaft, sich auf sie einzulassen, um in den Erzählfluß des Romans überhaupt hineinzugeraten.
- Die vielen Irritationen des Lesers verlangen eine gewisse Geduld, dem Roman überhaupt bis zum Ende zu folgen.
- Der Roman bietet weder eine Identifikationsfigur noch eine dem Alltag der Schüler nahe, realistische Welt.
- Der Bildungshintergrund, der zwar zu einem Verständnis des Buches nicht nötig ist, dessen Existenz aber durch die historisch-mythologischen Namen und das Ovidische Repertoire auch für den Schüler deutlich wird, wirkt eher abschreckend.
- Da von einer Kenntnis der *Metamorphosen* in der Regel nicht ausgegangen werden kann, die Erkenntnis der Intertextualität der *Letzten Welt* aber eine wichtige Dimension zum Verständnis des Textes darstellt, müssen zumindest bei vertiefter Betrachtung die *Metamorphosen* miteinbezogen werden, d.h., ein weiterer, nicht einfacher, zudem alter und fremdsprachiger Text muß mitbehandelt werden.
- Erzähltechnik und Struktur setzen eine gewisse Leseerfahrung voraus.

Diese Probleme machen deutlich, daß die Behandlung der *Letzten Welt* nur in der Sekundarstufe II, im Grundkurs oder im Leistungskurs, denkbar ist. Trotz dieser Schwierigkeiten – denen man aus sachorientierter Sicht noch hinzufügen könnte, daß es sich bei der *Letzten Welt* noch nicht um einen literaturwissenschaftlich kanonisierten Text handelt – hat die *Letzte Welt* auch aus didaktischer Sicht ihre besonderen Qualitäten, die für eine Behandlung des Romans im Unterricht sprechen:

- Nicht nur durch das Erscheinungsdatum, sondern auch durch die angesprochenen Themen ist die *Letzte Welt* auch für Jugendliche von hoher Aktualität. Die Frage nach der Zukunft der Menschheit ist in dem Text in verschiedener Weise angesprochen, ohne in vordergründige, „realistische" Untergangsszenarien zu verfallen. Das „Lösungsangebot" der *Letzten Welt* ist nicht zu verwirklichen, der Selbstauflösungswunsch und die Akzeptanz des Endes wie die Negativität des Menschenbilds üben eine provozierende Wirkung aus und können so (heilsame?) Reaktionen hervorrufen, die den Text jenseits seiner literarischen Wertigkeit zu einer interessanten und wichtigen Diskussionsgrundlage machen können. In ihm wird eine Umgangsweise mit den Ängsten vor einer katastrophalen und endgültigen Zuspitzung der menschheitlichen Situation deutlich.

- Der Text bietet zwar keine Identifikationsfigur, aber Cotta und seine Langeweile in dem geordneten, abenteuerlosen Leben in Rom und seine Probleme, sich in der rätselhaften Welt von Tomi zurechtzufinden, sind von durchaus aktueller Relevanz und eröffnen zugleich eine Zugangsmöglichkeit zu dem Text.
- In einer Welt, in der die Technisierung immer schneller voranschreitet, in der Funktionalität, Erfolgsorientiertheit und Leistungsbezogenheit ständig zunehmen, wächst die Wichtigkeit, die anderen Seiten und Fähigkeiten des Menschen kennenzulernen und zu fördern; in dieser Hinsicht kann die Beschäftigung mit der *Letzten Welt* und ihrem Phantasie-Gedanken wertvoll sein.
- Die Mehrfachkodierung der *Letzten Welt* eröffnet besondere Möglichkeiten: Dadurch bietet sich die Chance, auch Schüler für die Lektüre zu gewinnen, die ansonsten eher Gefallen an – in der Regel ästhetisch schlichten und klischeehaften – Horror-Science-Fiction- oder Fantasy-Literatur bzw. Film finden. Hier könnte der Roman Ransmayrs eine Brückenfunktion einnehmen und eine Zugangsmöglichkeit zu qualitativ höherwertiger Literatur eröffnen. Der besondere Reiz phantastischer Literatur kann für den Literaturunterricht nutzbar gemacht werden.
- Die Neuheit des Textes, dem nicht bereits der abträgliche Ruf einer Schullektüre vorausgeht, sowie das Fehlen eines pädagogisierenden Gestus im Roman, können von erfrischender Wirkung sein.
- Sowohl die Fülle der Themen innerhalb des Textes wie seine vielfältigen Einbettungsmöglichkeiten in weiterführende Themenkreise sprechen für den Roman.
- Mittels des Romans kann eine Einführung zu aktuellen philosophischen Positionen, zu einer Standortbestimmung zwischen „Moderne" und „Postmoderne" geleistet werden.
- Die *Letzte Welt* stellt ein komplexes ästhetisches Gebilde dar, das vielfältige formale, strukturelle, thematische und sprachliche Aspekte zur Interpretation aufweist. Anhand der *Letzten Welt* lassen sich sowohl formal modernes Schreiben wie Elemente eines „postmodernen" Schreibens aufzeigen.
- Nicht zuletzt erfüllt der Roman auch ganz praktische Kriterien, so ist seine Länge zumutbar, und es existiert eine Taschenbuchausgabe.

Die Bereiche, die sich unter dem Schlagwort „Postmoderne" zusammenfassen lassen, können sinnvollerweise nur im Leistungskurs behandelt werden, für einen Grundkurs ist der Zeitbedarf zur Begriffsklärung zu groß. Die Vielschichtigkeit, die Umstrittenheit und der Modecharakter des Terminus machen eine kritische und differenzierte Aufarbeitung nötig, da der Begriff (noch) nicht als fest umrissener Epochenbegriff angesehen werden kann. Die Abspaltung dieses philosophisch-ästhetischen Hintergrunds beeinträchtigt die Analyse des Textes jedoch nicht. Der Begriff „Moderne“ sollte bereits eingeführt sein, die Schüler sollten mit ihm eine konkrete Vorstellung von Texten und Werken der bildenden Kunst verbinden können, um davon die „Postmoderne“ absetzen zu können.

Besonders günstige Voraussetzungen für eine Behandlung der *Letzten Welt* ergeben sich, wenn mit dem Lateinunterricht kooperiert oder zumindest auf eine vertiefte Beschäftigung mit Ovid zurückgegriffen werden kann. In beiden Fällen könnte die Erarbeitung des historischen Hintergrunds, der Biographie Ovids und einer überblicksartigen Kenntnis der *Metamorphosen* dem Lateinunterricht überlassen bleiben, der seinerseits unter dem Aspekt eines „Nachlebens der Antike“ vom Deutschunterricht profitieren könnte. Unter diesem Gesichtspunkt ist die *Letzte Welt* auch für den Lateinunterricht unabhängig vom Deutschunterricht behandelnswert, etwa in Form von Referaten oder einer ausschnittsweisen, vergleichenden Lektüre (Darstellung der römischen Antike bei Ransmayr, Zusammenhang mit der historischen Wahrheit, Veränderung der *Metamorphosen,* Modernisierung des Mythos).

2 Unterrichtsreihen

Die thematische Vielfalt der *Letzten Welt* erlaubt die Integration des Textes in verschiedene, übergreifende Unterrichtssequenzen.

1. Eine Auseinandersetzung mit dem Genre der phantastischen Literatur; dabei kann die Unterrichtsreihe verschiedene Niveaustufen von Ausschnitten völlig trivialer Texte über Passagen von den (derzeit gerade unter Jugendlichen beliebten) Büchern Stephen Kings und Michael Endes bis hin zu den Klassikern dieser Gattung, etwa Kurzgeschichten von E.A. Poe, E.T.A. Hoffmanns *Elixiere des Teufels,* Bonaventuras *Nachtwachen,* Alfred Kubins *Die andere Seite* reichen. Neben der Frage der Bewertung und der verschiedenen Qualitätsstufen von Literatur kann dabei auch – durch wissenschaftliche (etwa wahrnehmungspsychologische) und philosophische Texte flankierend ergänzt – die Fragwürdigkeit und individuelle Unterschiedlichkeit dessen, was als Realität anzusehen ist, stehen.
2. Weiterleben und Funktion antiker Mythen in Texten der Gegenwart; hierbei bietet sich eine Fülle von gattungsmäßig verschiedenen Wer-

ken mit ganz unterschiedlichen Umgehensweisen und Aktualisierungen der Mythologie (von der Überarbeitung eines antiken Stückes über die interpretierende Nacherzählung bis zur explizit gar nicht mehr genannten Grundierung) an, etwa Franz Kafkas Kurzprosa zu *Prometheus* und *Poseidon,* Auszüge aus Marie Luise Kaschnitz' *Griechische Mythen,* verschiedene Gestaltungen der *Antigone* (Anouilh, Brecht), Albert Camus' *Mythos vom Sisyphos,* Max Frischs *Homo faber,* Heiner Müllers *Philoktet,* Gedichte von Günter Kunert *(Orpheus I–IV)* und Christa Wolfs *Kassandra.*

3. Der Rückbezug von Literatur auf Literatur bzw. von Schriftstellern auf ihre Vorläufer; als Texte für eine solche Unterrichtsreihe kämen u.a. in Frage: Goethes *Werther* und Plenzdorfs *Die neuen Leiden des jungen W., Lenz* von Büchner und Peter Schneiders *Lenz,* Peter Härtlings *Die dreifache Maria* und Christa Wolfs *Kein Ort. Nirgends.* Sowohl die Gründe für diesen Rekurs wie auch die Veränderungen und die ästhetische Umsetzung könnten im Mittelpunkt stehen.
4. Vom Schicksal Ovids in Rom her wie von der Reaktion des Literaturbetriebs auf die *Letzte Welt* bietet sich dieser Text als Einstieg in das Thema Literatur und Gesellschaft an. Dabei kann sowohl die Frage nach der Rolle von Literatur und Künstlern in politischen Auseinandersetzungen, wie auch die grundsätzliche Überlegung nach der Bedeutung von Literatur in der Gesellschaft im Zentrum stehen, wie sich *Die Letzte Welt* auch eignet für eine Unterrichtssequenz zum literarischen Leben in der Gegenwart. Beim ersten Komplex könnte Bezug genommen werden auf Verfolgung, Zensur und gesellschaftspolitisches Engagement von Literatur, etwas Heine und das Junge Deutschland, die antifaschistische Exilliteratur, die gesellschaftskritische Literatur der Bundesrepublik (z.B. Böll, Grass, Walser) und die Oppositionsliteratur in der ehemaligen DDR; die anderen Bereiche verlangen die Einbeziehung nichtliterarischer Texte.

3 Unterrichtssequenz

Die Vorschläge zum Aufbau und zur Gestaltung einer Unterrichtseinheit beruhen auf den didaktischen Überlegungen und der Textanalyse. Sie decken den gesamten Bereich der hier vorgelegten Interpretation ab, auch wenn aus Zeitgründen in der Regel nicht alle Bereiche behandelt werden können. Die Unterrichtsstunden bauen zwar aufeinander auf, das Modell ist aber flexibel und ausgefaltet genug, die jeweils nötige, lerngruppenspezifische Reduktion und Schwerpunktsetzung zu ermöglichen, es läßt aber auch Raum für Erweiterungen. Die weiterführenden

Aspekte (zu Ovid, zum literarischen Leben und zur Postmoderne) lassen sich problemlos abtrennen.

Die folgenden Angaben zum Unterrichtsverlauf und zu den Unterrichtsformen können natürlich nur eine grobe Orientierung geben. Ausgangsbasis ist hier eine Schülergruppe ohne Vorkenntnisse zu Ovid und den *Metamorphosen;* dementsprechend werden die Bezüge zu den *Metamorphosen* an den Schluß gestellt; besteht diese Grundlage, so wäre es denkbar, die Teilsequenz zu Ovid vorzuziehen und im Anschluß an die Klärung der Frage nach dem Schauplatz und der Zeit des Romans zu behandeln.

Der Aufbau der Unterrichtssequenz nimmt die beiden Figuren Cotta und Naso als Ausgangspunkt, über deren Entwicklung auch die thematischen Fragestellungen des Romans weitgehend integriert werden können. Mitunter lassen sich dadurch Wiederholungen nicht vermeiden, die aber als Vertiefung und Absicherung durchaus sinnvoll sind. Die Teilsequenzen sind jeweils als Doppelstunden angelegt.

Etwa zwei bis drei Wochen vor Beginn der Unterrichtsreihe wird häusliche Erstlektüre aufgegeben. Die Lektüre des „Ovidischen Repertoires" sollte dabei freigestellt bleiben, außer es soll vertieft auf die Beziehung *Letzte Welt – Metamorphosen* eingegangen werden; von diesem Anhang gehen zusätzliche Irritationen auf den Erstleser aus, ohne daß er zum Verständnis des Romans nötig wäre. Seine Vorstellung der Figuren aus der *Letzten Welt* eignet sich jedoch gut für den Lehrer, den Roman bei dem Lektüreauftrag einzuführen (etwa der Abschnitt über Cotta (294) und über Lycaon (302 f.)) und eine Erwartungs- und Neugierhaltung zu wecken, die dann auch über die ersten Seiten hinwegträgt, die aufgrund der vielen Schauplatzwechsel und der langanhaltenden Unklarheit über Thema und Handlung des Romans als schwierig einzustufen sind.

Verwendete Abkürzungen

EA = Einzelarbeit	HA = Hausaufgabe	LV = Lehrervortrag
GA = Gruppenarbeit	KRef = Kurzreferat	UG = Unterrichtsgespräch
GK = Grundkurs	LK = Leistungskurs	WH = Wiederholung

1. Teilsequenz

Gegenstand	Handlungs- und Erzählraum des Romans
Didaktische Aspekte	Klärung der Textauffassung bei den Schülern; Abbau eventueller Irritationen; Erkenntnis der Zeitenkompilation und der Durchbrechung der Wirklichkeit; *Letzte Welt* als phantastischer Roman

Unterrichts-verlauf	UG: Leseerfahrungen mit den verblüffenden Effekten; Sammlung der „Unwahrscheinlichkeiten“ des Romans und im Roman bei dem Zeithorizont, den Orten (nützlich ist für Tomi hierbei eine Landkarte) und dem Geschehen; Bedeutung der synthetischen Welt
Methodische Hilfen/ Impulse	Worüber wundert man sich beim Lesen des Romans? In welcher Epoche spielt der Roman? Was stammt aus der Gegenwart, was aus der Antike? Was für ein Eindruck soll dadurch entstehen? Spielt er in der Vergangenheit oder in unserer Zeit, oder will er beides? An welchen Schauplätzen spielt der Roman? Sind dies reale Orte? Die Jahreszeiten in Tomi. Worüber wundert sich Cotta?
Hausaufgabe	Was will Cotta? Hat er Erfolg?

2. Teilsequenz

Gegenstand	Die Hauptfigur Cotta
Didaktische Aspekte	Handlungsverlauf und Schluß des Romans; Cottas Motive zur Fahrt nach Tomi; diktatorischer und bürokratischer Überwachungsstaat in Rom
Unterrichts-verlauf	Auswertung der HA: Cotta pendelt zwischen Scheitern, Illusionen und Erfolg (Auf und Ab des Romans, vgl. Strukturskizze); am Ende auf ganz andere Weise Erfolg, als gedacht. EA: Cottas Motive zum Aufbruch (143–148) UG: Das Leben in Rom und Cottas Situation dort (66–72, 109–111, 124–127, 134–135, 185–186)
Methodische Hilfen/ Impulse	Warum verläßt Cotta Rom? Was sind seine Motive? Weiß Cotta über sich selbst Bescheid? Was erfährt man über das Leben in Rom? Wird es positiv oder negativ dargestellt? Wie sieht das politische System aus? Wie ist es zu bewerten? Was gibt es für die Bürger an Verhaltensmöglichkeiten? Ist die „Staatsflucht“ ein erfolgreiches Konzept?
Hausaufgabe	In welchem Zusammenhang taucht immer wieder das Nashorn auf? Welche Bedeutung nimmt es ein? (70–72, 126–129, 135)

3. Teilsequenz

Gegenstand	Cotta in Tomi
Didaktische Aspekte	Gegensätzlichkeit von Rom und Tomi; allmähliche Einbürgerung Cottas in Tomi; Cotta zwischen Vernunft, Wahnsinn und Resignation
Unterrichts-verlauf	Auswertung der HA und WH: Nashorn als Verkörperung des röm. Staates; zentrale Begriffe zu Rom UG: Charakterisierung Tomis GA: Bewohner von Tomi (Fama, Tereus, Procne, Arachne etc.): Persönlichkeitsanalyse KRef: der Ergebnisse; Vergleich und Zusammenfassung UG: Cottas Zurechtfinden in Tomi; Problem der Orientierung
Methodische Hilfen/ Impulse	– Gegenüberstellung von Rom und Tomi in ihrer vollständigen Gegensätzlichkeit – Verfall, Pflanzenwachstum, Staub, Geröll als durchgehende Beschreibungsmittel Tomis (exemplarischer Fall: Lycaons Haus). Charakterisieren Sie jeweils einen Bewohner von Tomi. – Was haben die Bewohner Tomis gemeinsam (Schicksal, Persönlichkeitsstruktur)? – Wie verhalten sie sich gegenüber dem Fremden? – Findet sich Cotta in Tomi zurecht? Warum gibt er die Suche nicht auf und kehrt nach Rom zurück? – Wie reagiert er – auf den Traum in Trachila? (78 ff.) – auf die Begegnung mit Lycaon? (84 ff.) – auf das Verschwinden Echos? (173 ff.) – auf die Versteinerung des Battus? (216 ff.) – auf die Verwandlung von Procne? (285 ff.) Wie versucht er sich diese Vorfälle zu erklären? Ist Cotta am Schluß verrückt geworden? Was steht am Ende: Vernunft, Wahnsinn oder etwas Drittes?
Hausaufgabe	Cottas Verhalten gegenüber Echo (113–118, 123 f., 148–161)

4. Teilsequenz

Gegenstand	Das pessimistische Menschenbild der *Letzten Welt*
Didaktische Aspekte	Negative Anthropologie Ransmayrs; Vernunft in Rom als Unterdrückungsmittel; geringe Bedeutung von Emotionen, Fehlen jeglicher Solidarität
Unterrichts-verlauf	WH: Verhalten der Menschen in Rom und in Tomi EA: Die Erfahrungen von Thies (259–266)

	HA: Cotta und Echo UG: Beurteilung dieses Menschenbildes
Hausaufgabe	Wie ist der Titel des Romans zu erklären? Entwicklung eigener Titelvorschläge

5. Teilsequenz

Gegenstand	Das zentrale Thema der *Letzten Welt*
Didaktische Aspekte	Die Zukunft der Menschheit im Roman: Untergang und Verwandlung; Verwandlung als das Grundprinzip
Unterrichts-verlauf	HA/UG: Mehrdeutigkeit des Titels EA: Nasos Sintflut-Vision (162–170) UG: Zusammenfassung der Zukunftsprognose des Romans; Einstellung des Romans dazu; Gegenbild und „Utopie" des Romans; WH des (unwandelbaren) Menschenbildes; Analyse der Verwandlungen; Diskussion dieser Vorstellung
Methodische Hilfen/ Impulse	Worauf läßt sich das Adjektiv „letzte" des Titels beziehen? Wann findet die Sintflut in der *Letzten Welt* statt? Warum? Gibt es eine Überlebenschance? Lohnt sich das Weiterleben? Welchen Einfluß hat die Katastrophe auf das menschliche Wesen? Welche anderen Zukunftsszenarien entwirft der Roman (Tomi als Exempel, Verwandlung, Versteinung)? Was bleibt von dem Prinzip der permanenten Veränderung ausgeschlossen? Wie wirken sich die Metamorphosen auf die Personen aus? Positiv oder negativ? Können Sie die Auffassung des Romans teilen?
Hausaufgabe	Passagen zu Naso in Rom lesen; seine Rede im Stadion

6. Teilsequenz

Gegenstand	Naso in Rom
Didaktische Aspekte	Nasos Rolle und Bedeutung in Rom; Gründe von Aufstieg und Fall Konflikt zwischen Literatur und Politik
Unterrichts-verlauf	UG: auf HA basierend, Nasos Wesen, seine Ambitionen, Aufstieg und Fall; Nasos Kunstverständnis (18–20, 43–46, 50–58)

	UG: Analyse von Nasos Rede im Stadion; Aufbau, Aussage, Intention, Wirkung und Zusammenhang mit dem Roman (59–73)
Methodische Hilfen/ Impulse	Wie wird Naso charakterisiert? Was erfährt man über ihn als Privatmann? Was ist sein großes Ziel? Welche Bedeutung mißt er seiner Kunst zu? Warum läßt Naso die Anrede weg? Ist seine Rede ein Aufruf zum Umsturz? Was will er damit erreichen? Welcher Literaturgattung ist diese Rede zuzuordnen? Was erreicht er? Was verbindet diese Rede strukturell mit dem Roman?
Hausaufgabe	Verfassen Sie – ein Flugblatt gegen die Verbannung Nasos; – ein Plädoyer zur Verteidigung Nasos vor dem Staatsapparat.

7. *Teilsequenz*

Gegenstand	Naso zwischen den politischen Fronten
Didaktische Aspekte	Instrumentalisierung des Schriftstellers durch Regierung und Opposition; Wirkungsmöglichkeiten der Literatur in der Gesellschaft
Unterrichtsverlauf	UG: aufbauend auf die HA/1: Reaktionen in Rom auf die Verbannung; Vereinnahmung seines Namens bei Desinteresse an seiner Person und Verkennung seiner Absichten; posthume Rehabilitierung Nasos; „innere Emigration" des Literaturkreises mit Cotta (94 f., 126–141) UG: aufbauend auf die HA/2: Naso zwischen Agitation, Gesellschaftskritik und „reiner" Kunst EA: Analyse der „König Midas"-Affäre (55–58): Vergleich mit Nasos Rede (Parallelen und Unterschiede in Inhalt, Ausführung und Wirkung) UG: Diskussion über die Wirkungsmöglichkeiten von Literatur (in einer Diktatur) und die Rückwirkungen auf Verfasser und Text
Methodische Hilfen/ Impulse	„Verwertung" des „Falles Naso" als Exempel zur Anklage des Unterdrückungsstaates durch die Opposition (als Grundtendenz der Flugblätter) Wie reagieren die Oppositionsgruppen? Wie reagieren die Verehrer von Nasos Kunst? Hat dies für Naso Konsequenzen? Welche Strategie(n) verfolgt der Staatsapparat? Warum ändert er sie? Vom „Märtyrer" zum „großen Sohn Roms" (140): Welche Mechanismen werden hier wirksam?

	Verteidigungsstrategie des unpolitischen Literaten ohne gesellschaftlichen Bezug (als Grundtendenz eines erfolgversprechenden Plädoyers) König Midas als Beispiel eines agitatorischen Schreibens, das den Intentionen Nasos nicht gerecht wird. Warum hat die Komödie Erfolg und Nasos Rede nicht? Wie reagieren Staat und Dichter? Warum verfolgt der röm. Staat Naso, obwohl seine Rede wirkungslos bleibt? Worin besteht seine Gefährlichkeit? Historische Beispiele für Wichtigkeit und Bedeutungslosigkeit von Literatur in totalitären Staaten
Hausaufgabe	Cyparis in Tomi (2. Kapitel)

8. Teilsequenz

Gegenstand	Nasos Wirken in Tomi; Bedeutung von Phantasieprodukten in Tomi
Didaktische Aspekte	Ineinanderübergehen von Wirklichkeit und Phantasie; Fragwürdigkeit des Realitätsbegriffs, Macht und Bedeutung der Phantasie in Tomi
Unterrichtsverlauf	UG/WH: Naso in Tomi; „Feuer“ als sein Kennzeichen; verwandelnde Kraft seiner Phantasie; „Erfindung der Wirklichkeit“; Freiwerden der Phantasie an den Rändern des Staates (Gegensatz zu Rom); Zusammenhang zwischen dem Prinzip des permanenten Wandels und der Unsicherheit der Realität; synthetischer Realitätsbezug bei Augustus (70 f.) UG, auf HA basierend: kompensierende, tröstende und aus dem Alltag befreiende Wirkung der Filme (21–40, 105–108, 201); Realitätsferne und Verzauberung; Parallele: Arachnes Webereien (193–198)
Methodische Hilfen/ Impulse	Warum liest Naso in Tomi aus dem Feuer? Welche Wirkungsmöglichkeiten hat die Phantasie in Tomi im Vergleich mit Rom (Analyse des Karnevalsumzugs)? (87–94) Oberflächlichkeit der Wahrnehmung, da immer nur der Momentzustand erkennbar ist, nur das Vorstellungsvermögen reicht darüber hinaus (110–111). Welchen Kontakt mit der Wirklichkeit hat Augustus? Warum erscheint Tomi als „Straflager“, sobald Cyparis wieder fährt (113)? Was für Filme zeigt Cyparis, welchen Zusammenhang haben sie mit dem Leben der Menschen in Tomi?

	Was mißfält ihnen an den Filmen? Warum werden die Teppiche Arachnes gekauft?
Hausaufgabe	Warum übt das Episkop diese Faszination aus?

9. Teilsequenz

Gegenstand	Text-Leser-Beziehung; Sprache
Didaktische Aspekte	Parallelität des Verhältnisses der Tomier zu den Filmen und des Lesers zur *Letzten Welt*
Unterrichts-verlauf	UG: HA-Besprechung (208–212), anknüpfend: das von Ransmayr anvisierte Leser-Text-Verhältnis; Fremdartigkeit der Welt, Verwirrungsstrategien, Schönheit der Sprache (UG, WH zu rhetorischen Figuren) GA: Untersuchung des Sprachgebrauchs und der rhetorischen Mittel (7–10) UG: Zusammenhang Sprache, Stil und Kunstverständnis
Methodische Hilfen/ Impulse	Verzauberung des Alltäglichen, Produktion von Schönheit durch das Episkop. Anwendung der anhand der Filme und des Episkops erarbeiteten Kriterien auf den Gesamttext. Wie wirkt die Sprache: realitätsnah, alltäglich, feierlich? Mit welchen Mitteln erreicht der Autor dies? Welche Absicht steckt hinter diesem Sprachgebrauch?
Hausaufgabe	Welchen Zusammenhang haben die Binnenerzählungen mit dem Gesamttext?

10. Teilsequenz

Gegenstand	Erzähltechnik
Didaktische Aspekte	Erzählerische Mittel des Autors: Rückblende, Binnengeschichten, Episoden, Vorausdeutungen; Zusammenhang mit Gesamttext; Leitmotive; optische Signale; Erzählhaltung
Unterrichts-verlauf	UG: Rekonstruktion des Wissensstands Cottas und seine allmähliche Erweiterung (WH); Wissensstand des Lesers und des „Erzählers“; latent auktoriale Erzählhaltung trotz weitgehender Übernahme der Sicht Cottas (150, 197 f., 208, 229 f., 232, 238–241); Konsequenzen des Informationsgefälles für die Sprache;

	GA: Ziffernzeichen und Textbezug; UG: Andere Vorhinweise und Vorausdeutungen: Leitmotive (WH); Binnenerzählungen (HA)
Methodische Hilfen/ Impulse	Wie interpretiert Cotta die Ereignisse in Tomi? Kommt er der Wahrheit näher? Weiß der Leser mehr als Cotta? Was? Weiß der Roman mehr als Cotta? An welchen Stellen wird das spürbar? Gibt der Roman Hinweise darauf, daß Cottas Wahrnehmung nicht sicher ist? Wie stehen die Ziffernzeichen mit dem Text in Beziehung? Welche Bedeutung haben die Leitmotive? Welche Funktion nehmen sie ein? Wodurch sind die Binnenerzählungen mit dem Gesamttext verknüpft?

11. Teilsequenz

Gegenstand	Zusammenhang zwischen *Letzter Welt* und den *Metamorphosen*
Didaktische Aspekte	Wiederaufgreifen des antiken Epos; Bezug der *Letzten Welt* auf die *Metamorphosen*; Umformung und Veränderung; historischer Hintergrund
Unterrichtsverlauf	KRef: zu Augustus und dem Römischen Reich KRef: zum historischen Ovid UG: Vergleich mit der Figur der *Letzten Welt* LV: Ovids *Metamorphosen* GA: Lektüre von Auszügen aus den *Metamorphosen,* die im Zusammenhang mit der *Letzten Welt* stehen (Lycaon, Battus, Tereus o. a.) UG: Detailvergleich mit der *Letzten Welt*
Methodische Hilfen/ Impulse	Was übernimmt Ransmayr von der Geschichte, was spitzt er zu, wo weicht er ab? Wer ist in den *Metamorphosen* für die Verwandlungen zuständig? Gibt es einen Zusammenhang zwischen vorher und nachher? Wo liegen die Unterschiede zur *Letzten Welt?*
Hausaufgabe	Vergleich einer Gestalt aus der *Letzten Welt* mit ihrer Ursprungsfigur aus den „Metamorphosen“

12. Teilsequenz (Vertiefung, LK)

Gegenstand	Zusammenhang zwischen *Letzter Welt* und den *Metamorphosen*

Didaktische Aspekte	Bezug der *Letzten Welt* zu den *Tristien;* Vergleich zwischen *Metamorphosen* und *Letzter Welt*
Unterrichts-verlauf	Ref: zu Ovids Briefen aus dem Pontus und ihrem Zusammenhang mit der *Letzten Welt* Ref: zu *Metamorphosen* (Thema, Struktur „vom Mythos zum Logos“) EA: Analyse von Ransmayrs *Entwurf zu einem Roman* UG: Zusammenhang der Konzeption der *Metamorphosen* mit dem Entwurf und dessen Weiterentwicklung zur *Letzten Welt*
Methodische Hilfen/ Impulse	Vergleich zwischen dem *Entwurf* und der *Letzten Welt* Welches Schicksal sollte den *Metamorphosen* in diesem Text widerfahren, wie geht Ransmayr im Roman mit ihnen um? Was gibt es über das Verwandlungsprinzip an Gemeinsamkeiten?

13. Teilsequenz (Vertiefung, LK)

Gegenstand	Postmoderne
Didaktische Aspekte	Einführung in eine aktuelle, philosophisch-ästhetische Diskussion
Unterrichts-verlauf	UG: Rekapitulation des Begriffs „Moderne“ als Folie; LV: Moderne und postmoderne Architektur EA: Text von Welsch (Mat. 5) UG: philosophische und ästhetische Hauptmerkmale der Postmoderne nach Welsch; Abgrenzung und Gegenüberstellung Moderne – Postmoderne
Methodische Hilfen/ Impulse	Begriffswiederholung: Moderne. Was kennzeichnet moderne Kunst/Literatur/Architektur? LV, nach Möglichkeit unterstützt durch Bilder, Beispiele vor Ort oder Gegenüberstellung z. B. von Bauhaus-Bauten und Stirlings Neubau der Staatsgalerie in Stuttgart; Fragen zum Text: In welchem Zusammenhang ist der Begriff entstanden? Was sind die Hauptmerkmale der Postmoderne, philosophisch, gesellschaftlich, künstlerisch? Wie sieht Welsch das Verhältnis Moderne – Postmoderne?
Hausaufgabe	Findet sich philosophisches Gedankengut der Postmoderne in der *Letzten Welt?*

14. Teilsequenz (Vertiefung, LK)

Gegenstand	*Die letzte Welt* als Roman im Horizont der Postmoderne
Didaktische Aspekte	Zusammenhang zwischen der aktuellen Diskussion und dem Roman; Postmoderne in der Literatur; Anwendung des Postmoderne-Begriffs auf die *Letzte Welt*
Unterrichtsverlauf	UG, auf HA basierend: Kritik an der Vernunft und ihren Produkten; Chaos statt Kausalität; Auflösung des Subjekts; Utopielosigkeit UG: Problematik des Begriffs aufgrund seines engen Zusammenhangs mit dem der Moderne um 1900 EA: Text zur literarischen Postmoderne (Mat. 8) UG: Anwendung auf die *Letzte Welt*
Methodische Hilfen/ Impulse	Welche Aussagen und Vorstellungen der *Letzten Welt* stimmen mit postmodernem Gedankengut überein? Gibt es auch Unvereinbares? Vernunftkritik und Nietzsche, Subjektauflösung und die Psychoanalyse Freuds als Beispiele für die Tradition postmoderner Überlegungen; Fragen zum Text: Was sieht Bürger als wesentliches Kennzeichen postmodernen Schreibens? Trifft dies auf die *Letzte Welt* zu? Was ist die Referenzebene der *Metamorphosen?*
Hausaufgabe	Vorbereitende Lektüre des Textes von Fiedler (Mat. 6)

15. Teilsequenz (Vertiefung, LK)

Gegenstand	*Die letzte Welt* als Roman im Horizont der Postmoderne
Didaktische Aspekte	Kennzeichen postmoderner Literatur
Unterrichtsverlauf	UG: Analyse des Texts von Fiedler (Mat. 6); Bezug zur *Letzten Welt* Ref: zu Umberto Ecos *Im Namen der Rose* UG: Parallelen zwischen beiden Texten UG: basierend auf dem Text von Raulet (Mat. 7); Nähe der Computerrealität zur Phantastik
Methodische Hilfen/ Impulse	Fragen zum Text: Was sind für Fiedler die Kennzeichen postmoderner Literatur? Wie bewertet er moderne Literatur? Welche Lesearten ermöglicht Ransmayr? Welche Zugangsweise stellt er (und der Verlag, vgl. Klappentext) in den Vor-

	dergrund? Das Referat zu Eco kann ersetzt werden durch ein Referat zu einem vergleichbaren postmodernen Text; es sollte nur auf freiwilliger Basis erfolgen; Vergleich zwischen beiden Romanen (Bezug auf Literatur; verschiedene Leseniveaus; Vergangenheit als Folie zur Gegenwart); Fragen zu Mat. 7: Welches Verhältnis besteht zwischen Realität und Fiktionen bei den heutigen Möglichkeiten der Simulation von Wirklichkeit? Ist die „Erfindung der Wirklichkeit" (287) noch phantastisch oder bald alltäglich?
Hausaufgabe	Lektüre der Passagen zum Literaturbetrieb in Rom (44–46, 52–59, 108–110)

16. Teilsequenz (Vertiefung, LK)

Gegenstand	Der Literaturbetrieb in Rom
Didaktische Aspekte	Aktualität des literarischen Lebens in Rom
Unterrichts-verlauf	Ref: Historisches literarisches Leben in Rom (Mäzenatentum) HA/UG: Über das moderne literarische Leben in Rom (Rezensionen, Feuilletons, Schullektüre, Buchmarkt, Spekulationen)
Methodische Hilfen/ Impulse	Was erfährt der Leser über das literarische Leben in Rom? (44–46, 52–59, 108–110) Ist dies authentisch? Welche Elemente des tatsächlichen literarischen Lebens im antiken Rom übernimmt Ransmayr?
Hausaufgabe	Welche Kriterien sollte eine sinnvolle Buchkritik in einer Zeitung o.ä. erfüllen?

17. Teilsequenz (Vertiefung, LK)

Gegenstand	*Die letzte Welt* in der Literaturkritik
Didaktische Aspekte	Problematik literarischer Wertung; die Bewertung eines Bestsellers zwischen Abqualifizierung und Begeisterung
Unterrichts-verlauf	LV: Einführung zur Rezeption der *Letzten Welt* (Mat. 3) EA: Rezensionen zur *Letzten Welt* (Mat. 1–2)

	UG: Vergleich der beiden Texte UG/HA: Problematik der Wertung, Begründungsmöglichkeiten
Methodische Hilfen/ Impulse	Was ist der jeweilige Grundtenor der Rezension? Welche Argumente werden vorgebracht? Ist die Argumentation nachvollziehbar? Welcher der beiden Rezensionen könnten Sie eher zustimmen? Warum? Welche Kriterien für die Beurteilung eines Romans sind sinnvoll?
Hausaufgabe	Verfassen Sie eine Rezension zur *Letzten Welt.*

4
Klausurvorschläge

Grundkurs

1. Aufgabe: Textanalyse
Textstelle: 208 (Z. 15)–214

a) Warum erregt das Episkop solch große Aufmerksamkeit in Tomi?
b) Analysieren Sie die Erzählhaltung in dieser Passage.
c) Welche Bedeutung hat die Verwandlung von Battus zu Stein für Cotta, aber auch für den Leser?
d) Wie ist diese Verwandlung aus der Sicht des Romans zu bewerten? Begründen Sie Ihr Urteil.

2. Aufgabe: Textanalyse
Textstelle: 61 (Z. 14)–64 (Z. 25)

a) Welche Bedeutung hat diese Rede für die Handlung der *Letzten Welt,* in welchem Zusammenhang steht sie mit den zentralen Themen des Romans?
b) Bedeutet diese Rede Lob oder Kritik an der römischen Gesellschaft?

3. Aufgabe: Übergreifende Textanalyse

a) Charakterisieren Sie die beiden Schauplätze (Rom und Tomi) des Romans.
b) Warum hat Cotta Schwierigkeiten, sich in Tomi zurechtzufinden?
c) Beurteilen Sie sein Verhalten Echo gegenüber.

Leistungskurs

1. Aufgabe: Textanalyse
Textstelle: 235–241

a) Kurze Einordnung in den Handlungs- und Erzählungszusammenhang

b) Analysieren Sie die innere Wandlung, die Cotta in diesen Zeilen durchmacht.
c) Analysieren Sie die Aussagen dieser Passage über die Zeit, und stellen Sie sie in Zusammenhang mit dem gesamten Roman.
d) Charakterisieren Sie anhand von Beispielen aus dieser Passage den Sprachgebrauch Ransmayrs.

2. Aufgabe: Textanalyse
Ausgangspunkt: Textstelle: 251 (Z. 5)–254 (Z. 20)
a) Vergleichen Sie Pythagoras mit anderen Bewohnern von Tomi: worin bestehen Parallelen, worin Unterschiede?
b) Welche politischen und philosophischen Ansichten vertritt er? Fassen Sie die politische und philosophische Position des Romans zusammen, und vergleichen Sie sie mit den Ansichten von Pythagoras.

3. Aufgabe
In Ovids *Metamorphosen* heißt es kurz vor dem Ende (!) des Epos von Pythagoras (Ovid: Metamorphosen, übersetzt von Michael von Albrecht, München 1981, S. 348–353):

> Hier lebte der Mann, der aus Samos stammte; doch war er zugleich von der Insel und vor ihren Machthabern geflüchtet und aus Tyrannenhaß freiwillig in die Verbannung gegangen. [...] Und als er alles mit seiner Seele und mit wachsamer Sorgfalt durchschaut hatte, gab er es den Menschen weiter, damit sie es lernten. Den Scharen schweigender Zuhörer, die über seine Worte staunten, erklärte er die Uranfänge des Alls, die Ursachen der Dinge und was Natur sei, was Gott, woher der Schnee komme [...] und alles, was verborgen ist. Auch hat er als erster Klage dagegen erhoben, daß man Tiere als Speise auftischt. [...]
> [Pythagoras spricht:] Alles wandelt sich, nichts geht unter; es schweift der Geist und gelangt von dort hierher, von hier wieder dorthin, zieht ein in Glieder aller Art, geht aus tierischen in Menschenleiber über, aus uns wieder in Tiere und vergeht nie. Wie das nachgiebige Wachs neue Formen annimmt, nicht bleibt, wie es gewesen ist, und nicht die gleiche Gestalt bewahrt, aber dennoch dasselbe ist, so ist die Seele stets dieselbe nach meiner Lehre, doch wandert sie in verschiedene Gestalten. [...]
> Es gibt im ganzen Weltkreis nichts Beständiges. Alles ist im Fluß, und jedes Bild wird gestaltet, während es vorübergeht. Ja, auch die Zeiten gleiten in ständiger Bewegung dahin, nicht anders als ein Strom. Denn Stillstehen kann weder der Fluß noch die flüchtige Stunde. [...]
> Auch unser eigner Leib wandelt sich ständig ohne Rast, und was wir gewesen oder noch sind, morgen sind wir's nicht mehr. [...] Keine Dauer hat auch das, was wir Elemente nennen. [...] Kein Ding behält seine eigene Erscheinung, und die ewig schöpferische Natur läßt eine neue Gestalt aus der anderen hervorgehen, und – glaubt mir! – in der ganzen Welt geht nichts zugrunde, sondern es wandelt sich und erneuert sein Gesicht.

a) Vergleichen Sie den Pythagoras aus den *Metamorphosen* mit dem der *Letzten Welt.*
b) Wie ist das Verhältnis Nasos zu Pythagoras in der *Letzten Welt,* wie bezieht sich Ovid in den *Metamorphosen* auf ihn?
c) Kann man diese Passage aus den *Metamorphosen* als Kern auch der *Letzten Welt* bezeichnen? Diskutieren Sie diese Überlegung.

4. Aufgabe: Vergleichende Textanalyse
Metamorphosen, Buch I, Lycaon (Ovid: Metamorphosen, übersetzt von Michael von Albrecht, München 1981, S. 14f.):

> [Jupiter spricht zu den Göttern:] Er wenigstens hat seine verdiente Strafe erlitten – macht euch darüber keine Sorgen! Was aber seine Schuld ist und was die Sühne, will ich euch mitteilen. Zu Ohren gekommen war mir der üble Ruf der Zeit. Im Wunsch, ihn widerlegt zu sehen, schwebe ich vom hohen Olymp hinab und ziehe in Menschengestalt durch die Lande, obwohl ich ein Gott bin. [...] Hierauf betrete ich den Wohnsitz und das ungastliche Dach des arcadischen Tyrannen [= Lycaon], als die späte Abenddämmerung die Nacht nach sich zog. Ich gab Zeichen, daß ein Gott gekommen sei, und das Volk hatte begonnen zu beten. Zuerst verspottet Lycaon die frommen Gelübde, dann sagt er: „Ich will herausfinden, ob dies ein Gott oder ein Sterblicher ist, und zwar durch eine eindeutige Prüfung; an der Wahrheit wird man nicht mehr zweifeln können." Bei Nacht versucht er, während der Schlaf auf mir lastet, mich meuchlings zu ermorden. Das ist seine Art, die Wahrheit herauszufinden. Und auch das genügt ihm noch nicht: Einer Geisel vom Molosserstamm öffnet er mit einem Dolch die Kehle; teils kocht er die erst halbtoten Glieder in siedendem Wasser, teils hat er sie auf dem Feuer geröstet. Sobald er dies aufgetischt hatte, ließ ich mit rächender Flamme das Dach auf die Penaten [= Hausgötter] stürzen, die ihres Herrn würdig waren; erschrocken flieht er selbst in die ländliche Stille, heult dort auf und versucht vergeblich zu sprechen. Von seinem Wesen bekommt sein Rachen alle rasende Wut; seine gewohnte Mordlust läßt er am Kleinvieh aus und freut sich auch jetzt noch am Blutvergießen. In Zotteln verwandeln sich die Kleider, in Schenkel die Arme. Er wird zum Wolf und behält dabei Spuren seiner früheren Gestalt: Die Grauhaarigkeit ist geblieben, geblieben die gewalttätige Miene, geblieben die leuchtenden Augen, geblieben das Bild der Wildheit.

a) Warum wird Lycaon bei Ovid in einen Wolf verwandelt?
b) Vergleichen Sie den Lycaon der *Metamorphosen* mit dem der *Letzten Welt.*
c) In welchen Bezugssystemen stehen beide Figuren für den Leser jeweils?
d) Peter Bürger schreibt: „Postmodern aber wäre eine Literatur, die sich gegen die Möglichkeit einer [...] Deutung sperrte, die sich schlechterdings nicht mehr auf Wirklichkeit beziehen ließe." Diskutieren Sie anhand dieser Prämisse den postmodernen Charakter der *Letzten Welt.*

5
Materialien

1 Bücher aus Asche, Leiber aus Ameisen. Endlich ein neues Talent: Christoph Ransmayr und sein sprachgewaltiger Einbildungsroman *„Die letzte Welt“*

Es wird Ärger geben. Christoph Ransmayr, ein junger österreichischer Schriftsteller, der sich mit seinen ersten Veröffentlichungen einige Sympathien erworben hat, scheint ihn machen zu wollen. Sein Roman „Die letzte Welt“ widerspricht allen Erwartungen. Er spielt in Gegenden, die niemanden interessieren, spricht in Figuren, die niemand erkennt, und erzählt eine Geschichte, die vielleicht niemand versteht. Man liest, daß im alten Rom Busse verkehren, Revolver im Handel sind und Zeitungen erscheinen. Man liest, daß der Philosoph Pythagoras den Dorfdeppen spielt, die Nymphe Echo als Hure arbeitet und Fama, die Göttin des Gerüchts, einen Kolonialwarenladen führt. Man liest, wie die Götter zu Menschen werden und die Menschen sich in Tier, Pflanze und Stein verwandeln.
Das alles steht in einem Roman, der offenkundig den Ehrgeiz hat, in dem Augenblick, da er erscheint, das Jahr seines Erscheinens auszustreichen. Und mit ihm die Erwartungen seiner Leser: von ihnen wird verlangt, ihr aufgeklärtes, vernunftbegabtes und an den Aktualitäten der Saison orientiertes Bewußtsein gegen eine Geschichte vom verbannten Dichter, von müder Macht und von verletzten Mythen einzutauschen. Die Einwände gegen ein solches Verfahren, gegen diese unbescheidene Unabhängigkeit von der Gegenwart, liegen auf der Hand, und man könnte sie mühelos aufzählen. Aber leider nicht rechtzeitig. Denn während man in diesem Buch noch nach Argumenten sucht, um zu warnen vor Mythenstoffen als Wirklichkeitsersatz, vor Zeitfluchten als Ausflüchten, ist man von diesem Buch schon besiegt, und zwar gründlich.
Besiegt von der Prosa, die Christoph Ransmayr schreibt, und von seiner Begabung, sich einen Weg durch alle Erwartungen zu bahnen, sie auszuhöhlen und zu verwandeln. Das ist im höchsten Grade beunruhigend. Denn Ransmayrs Roman von der Macht der Literatur über die Abstraktion spielt diese Macht selber aus. Scheinbar ist der Held dieses Romans ihr erstes Opfer; ihr zweites aber wird der Leser. Denn es macht großes Vergnügen, dieses Buch zu lesen.
Das Überraschendste ist die Sprache. In ihr verbinden sich expressionistische Motive mit einem fast antikisierten Vokabular. Aber sie hat nichts mit der mystischen, hochabstrakten Prosa einiger zeitgenössischer Schriftsteller gemeinsam. Dieser Autor ist, trotz einiger Manierismen, ein ganz eigenständiges, ja beinahe unzeitgemäßes Talent. […]
Ransmayr hat also einen boshaft verfälschten Bildungsroman geschrieben, einen Einbildungsroman in Wahrheit, der die Motive des traditionellen Genres auf den Kopf stellt. Sein Held erlebt eine Bildungsgeschichte, die von der Kunst zur Mythologie, von der Vernunft zum Wahnsinn führt. In fast jedem Kapitel dieses Buches trifft Cotta auf einen neuen Zeugen aus Tomi, der mehr oder minder verständlich, mehr oder minder willig seine Erinnerungen an Naso ausbreitet. Ein gigantisches Puzzle zur ästhetischen Erziehung des Menschengeschlechts, das sich erst vollendet, wenn Cotta, am Schluß, die Suche aufgibt; ein Puzzle, das, wenn der letzte Stein gesetzt ist, ein völlig unerwartetes und unfaßbares Bild der Welt zeigt.

Er erzählt diese Geschichte eines allmählich ausbrechenden Wahnsinns in lyrischer Schönheit. Die Schilderung Roms und seiner undurchsichtigen Behörden erinnert ein wenig an Kafkas Gerichtslabyrinthe. Immer wieder tauchen die Vorzeichen einer letzten Welt auf – Tomi gehört als eiserne Stadt ins eiserne Zeitalter, ins Zeitalter vor der Vernichtung. Doch zugleich gibt das Buch zu verstehen, daß man die letzte Welt schon hinter sich gebracht hat. [...]
Warum redet Ransmayr von Verwandlungen? Verwandlung widerfährt allen Gestalten dieses Buches immer im Augenblick des nicht mehr erträglichen Schmerzes. Sie ist der Ausweg aus einer Gegenwart, für die selbst der Tod kein Ausweg wäre. Damit aber entdeckt Ransmayr ein wichtiges Motiv: Schmerz ist der wahre Antrieb der Geschichte.
Wird es Ärger geben? Ein junger Schriftsteller scheint hier so etwas wie die Wiederkehr, ja die Rehabilitierung des Mythos zu betreiben. Aber natürlich stimmt das nicht. Denn Ransmayr geht es ja gar nicht um die Verwandlung der Wirklichkeit in Mythologie. Vielmehr darum, wie auch nach der Zerstörung der Literatur unweigerlich wieder neue Literatur entsteht. Literatur, die Summe aller Lese-Erlebnisse, ist in unseren Köpfen wie die Asche der von ihrem Autor verbrannten „Metamorphosen“: immer schon verändert, manipuliert, unkontrollierbar und im Begriff, sich in alle Winde zu zerstreuen.
Man lasse sich von der letzten Welt erzählen. Sie zeigt ihren jungen Autor, das ist gewiß, als eine der großen Begabungen seiner Generation.

(Frank Schirrmacher, in: Frankfurter Allgemeine Zeitung, 17.9.1988)

Mat. 2 Mit erlauchten Worten Wirkungen zweiter Klasse

Wenn modisches Beifalls-Unisono irgendein übermütiges Experiment hochjubelt, dann liegt es nahe, mißtrauisch zu reagieren. Aber das stürmische Lob für Ransmayr machte mich erwartungsvoll und neugierig. Da wurde eine kunstvoll gedichtete Welt gerühmt, eine schwierige, zeitübergreifende Konstruktion.
Um so größer ist nun meine Enttäuschung. Ich entdecke in Ransmayrs Roman viel kunstgewerbliche Erlesenheit. Feine, hohe Sätze, die oft keine entsprechend hohe Erfahrung verbalisieren. Einen Wall aus marmorschönen Worten, der mich – abgesehen von einigen fesselnden Schilderungen konkret kreatürlichen Leidens und Sterbens – in langweiliger Distanz hält zu den Figuren dieser letzten Welt und dem, wofür sie Zeichen sein mögen. Manchmal hat der Kontrast zwischen immergleicher Ausdrucksanstrengung und der Banalität des erlesen Umschriebenen geradezu etwas von ästhetischem *Genie-Simulantentum.* [...]
Um was geht es Ransmayr eigentlich? Er teilt in erster Dimension eine Suchaktion mit. Cotta forscht nach Spuren des verbannten Ovid; Ovid jedoch hat sich am Ende nicht nur in Literatur, sondern in die Welt selbst verwandelt. Die Geschichte wird gleichwohl nicht individuell persönlich, bewegt nicht zur engagierten Teilnahme, gar zum Mitleid. Dafür stellen sich die Personen zu wenig als konkret redende und handelnde Menschen dar.
Ransmayr konnte es auch nicht gelingen, zwischen dem erzählten Vordergrund und den durchschimmernden Mythen eine Spannung herzustellen, so wie es Merimée manchmal glückte, wie Max Frisch (homo faber = Ödipus) oder Botho

Strauß (Kalldewey-Farce = Die Bacchen) es versuchten. Ransmayrs Erzähl-Vordergrund bleibt dafür zu trübe. [...]
Statt dessen stellt er im hohen Ton eine Art Stimmung her, die Ovid, Cotta und die Leute von Tomi nicht wirklich näherrückt, gleichwohl das Welthistorische oder modellhaft Allgemeine nur als beliebige Zitate vorführt, wie in einem gut gemachten Feature. So ist offenbar „Die letzte Welt" weder die körnig konkrete Aufzeichnung einer hochliterarischen Detektiv-Story, noch ein eindringlicher biographischer Roman, noch auch ein symbolisch durchstrukturiertes Werk, das die Spannung zwischen vergangenen Mustern und gegenwärtigen Problemen entfaltet. Das Buch gibt von alledem immer nur Ansätze. Ansätze, die Eindruck machen, aber bloß Vorwand bleiben und in jeder Weise „aufgehoben" erscheinen in weder prägnant realistischer noch nachvollziehbar psychologisierender Sprache. Anspruchsvolle *Wortkunst* wird hier zum Alibi für alles das, was „Die letzte Welt" auf andere Art nicht bieten mag; und Ransmayrs Erfolg belegt, wie sehr man sich hierzulande gegenwärtig nach schöner Sprache sehnt ...
Da dieses Buch mithin entweder Sprackkunstwerk oder nichts ist [...], sei nun pedantisch penibel erwogen, was Ransmayrs Deutsch wagt – und was es poetisch nach Hause bringt. Meine bereits polemisch scharf formulierten Vorwürfe sind nicht leicht zu belegen. Denn sie zielen ja nicht auf irgendwelche mühelos aufweisbaren „Fehler" oder „Schnitzer". Im Gegenteil: Es geht mir um Ransmayrs zugleich pompöse und leere, aber doch sehr sorgfältige Kunstfertigkeit. [...] Ich wähle jetzt nicht arglistig eine vielleicht mißglückte „Stelle", der sich soundsoviele gelungene entgegensetzen ließen, sondern es sei der vielgelobte unmittelbare Anfang des Romans diskutiert, bei dem helle Bewußtheit des Autors wahrlich vorausgesetzt werden kann. [...] So beginnt der Roman. Sein erster Absatz ist klug wirkungsbewußt kadenzierend auf den verhängnisvollen Ortsnamen hin gesteigert: „Ein Orkan, das war die Reise nach Tomi." Dieses Crescendo macht durchaus Effekt. Gewiß ist die unschön mehrfache Wiederholung des „war" aus rhetorischen Gründen beabsichtigt: „Das war ein Vogelschwarm ... der plötzlich nur noch die Krone einer ungeheueren Welle war." Aber wirkt eine solche Steigerung nicht eher fingiert als geleistet? In mir evoziert der „Vogelschwarm" nicht das hier offenbar Gewünschte. Der „saure Gestank des Erbrochenen" läßt uns Leser besser und genauer an den Schrecken dieser Seefahrt teilnehmen als die unscharfe, mich störende Formulierung, daß tolle Hunde Seeleuten Sehnen „zerreißen" ... Über dergleichen kann man vielleicht noch streiten. Aber schwerlich darüber, daß es ein peinlicher Ransmayrscher Mißgriff infolge allzu großer Feinheitsbestrebungen ist, von „immer entlegeneren Orten des Schiffes" zu orakeln. Damit wird höchstens Pseudoerlesenheit erreicht, aber keinerlei Situationsvergegenwärtigung. Und irritiert nicht auch das unangebrachte „wenigstens" beim Flüchten in „Bewußtlosigkeit oder wenigstens in einen Traum"? Dieses „wenigstens" gälte nur dann, wenn *Traum* eine Art Vorstufe von *Bewußtlosigkeit* wäre. Das aber ist kaum – hier schon gar nicht – der Fall. Umgekehrt gäbe die Sache auch Sinn: Flüchten in einen (schönen) Traum. Oder wenigstens in Bewußtlosigkeit.
Derartige Ungenauigkeiten stellen keine spektakulären Katastrophen dar, wohl aber kleine Formulierungspannen, welche die Lesebewegung kaum merklich erschweren. [...] Wenn man angesichts derart edler Rhetorik erst einmal zu zweifeln angefangen hat, dann wird man ganz und gar unwillig, nörgelig; dann trägt kein

Lesetempo über die Stilbrüche hinweg. Sogar das von Ovid inspirierte Leitmotiv des Romans, das tiefgründig rätselhafte Verwandlungsmotto: „Keinem bleibt seine Gestalt“ wirkt immer abgeschmackter, je länger man darüber nachsinnt. Es klingt gespreizt. Irgendwie hochtönend bedrohlich. Kollege Martin Luther formulierte das ein wenig kräftiger: „Wir werden alle verwandelt werden.“ [...]

(Joachim Kaiser, in: Süddeutsche Zeitung, 22./23.10.1988)

Mat. 3 Die schwere Last des frischen Lorbeers

Alle paar Jahre fassen sich unsere Literaturkritiker ein Herz und überspringen ihren eigenen Schatten; dann gelten die Unkenrufe von der Verzagtheit der jungen deutschen Literatur nichts mehr, dann bahnt man einem dieser jungen, sonst meist nur gescholtenen Autoren eine Gasse. Dort zieht er daher, geschmückt mit frischem Lorbeer, in der Hand lauter Lobeshymnen auf sein erstrahltes Talent, eine hoch gepriesene, von allen einstimmig begrüßte „Hoffnung“, ein Glücksfall, wie es dann für Wochen heißt.
In diesem Jahr erlebte der in Österreich lebende Autor Christoph Ransmayr das hohe Glück der niederen Weihen. Von seinem im Greno-Verlag erschienenen Roman „Die letzte Welt“ hörte man schon lange vor seinem Erscheinen, von das Publikum beglückenden Vorablesungen in Wien war die Rede, von der den jungen Autor schützenden und seinen Erfolg mit der Cleverness seiner späten Jahre in Szene setzenden Umsicht Hans Magnus Enzensbergers, der sich für den Roman begeistert und beste Starthilfen gewährt hatte.
Das Buch begann seinen weiten Flug durch die Feuilletons, und überall verneigten sich die Geister; im „literarischen Quartett“ des ZDF kam es nach dem gequälten Aufstöhnen der Diskutanten über die Mängel der neuesten Bücher von Grass und Walser zu einem befreiten Aufatmen, endlich war die Saison wieder einmal gerettet, die deutsche Literatur verdankt ihr *ein* Buch von aller Gnaden. [...]

(Hanns-Josef Ortheil, in: Die Rheinpfalz, 19.11.1988)

Mat. 4 Christoph Ransmayr: *„Entwurf zu einem Roman“*

Entwurf zu einem Roman, der vorläufig ohne Titel bleibt; sein Thema ist das Verschwinden und die Rekonstruktion von Literatur, von Poesie; sein Stoff sind die Metamorphosen des Publius Ovidius Naso.

Erstens: ANGENOMMEN UND VORAUSGESETZT

Angenommen, Publius Ovidius Naso wäre noch vor der Veröffentlichung seiner Metamorphosen an die Schwarzmeerküste verbannt worden, hätte sein Werk mit sich genommen und in Rom nichts hinterlassen als Gerüchte über die Virtuosität seiner Erzählkunst ... Angenommen, in jenem aktenkundigen Feuer, das der Verbannte aus Verzweiflung und Wut in seiner Schreibstube entfachte, wäre nicht bloß Ersetzbares, sondern auch das Manuskript der Verwandlungen verbrannt und der unglückliche Ovid schließlich irgendwo unter den Silberbirken bei Tomi gestorben, ohne das eingeäscherte Buch ein zweites Mal niedergeschrieben zu haben

… Angenommen also, am Schwarzen Meer wären von einer großen Poesie nur die Erinnerungen von Küstenbewohnern geblieben, Erinnerungen an einen traurigen, wirr gewordenen Dichter, an seine Ohnmacht, seine Klagen und Erzählungen …
[…]

Zweitens: ZEUGEN

Er kann vorläufig Posides heißen – jener ehrgeizige junge Mann, der nun im Auftrag einer Akademie an die Schwarzmeerküste reist, um dort nach dem verschollenen Werk des Publius Ovidius Naso zu suchen. Die Rehabilitierung des Dichters scheint unaufhaltsam; auf einer Fassade an einem dämmrigen Plätzchen der Residenz prangt eine erste Gedenktafel: Nec species sua cuique manet. Keinem bleibt seine Gestalt.

[…] Er erreicht Tomi bei gutem Wind, findet dort zunächst ein rätselhaftes Grab und an der Abbruchkante ein Haus, über dessen Mosaiken der Efeu kriecht; das Haus des Dichters. Dort unter einer steinernen Treppe, unaufhörlich mit sich selbst redend, hockt der letzte Diener des Verbannten. Seine Name? Pythagoras. Pythagoras ist der erste von schließlich fünfzehn Zeugen, die Posides in den Dörfern der Küste aufspürt und befragt: Steinschneider, Fischer, Gärtner, Muscheltaucherinnen und Huren. Die Zeugen berichten in verschiedenen Sprachen, bereitwillig oder eingeschüchtert, zerstreut und begeistert von den Phantasmagorien des Dichters, von den zarten und rasenden Gestalten seiner Erzählungen und dem erlösenden oder schrecklichen Gesetz der Wandlung, das der Verbannte wohl noch im letzten Winkel seiner Welt wirksam werden sah. Und Posides glaubt endlich zu begreifen, wovon der Dichter in seinen Monologen, Tiraden und Erzählungen gesprochen hat, und beginnt, die Aussagen der Zeugen zu ordnen …

Drittens: GROB GESPROCHEN

führen die fünfzehn Bücher der Metamorphosen den Leser vom Mythos zur Aufklärung, von der Beschreibung der vier Weltalter im ersten, bis zur großen Rede des Pythagoras im letzten Buch; dazwischen entfaltet sich die verwunschene, grausame Pracht der antiken Mythologie. Aber welchen Weg und welche Ordnungen findet Posides? Posides dreht alles um: Er beginnt mit der Aufklärung. Schon sein erster Zeuge heißt Pythagoras, und der deutet an: Es gibt keine Götter. Aber am Ende des Weges der Aufklärung, dort, wo endlich Klarheit herrschen soll, steckt Posides wieder tief in den Mythen – seine letzten Zeugen berichten ihm von Goldenen und Eisernen Zeitaltern und einer verlassenen, blutgetränkten Erde; das verschollene Buch – sollte es eine Geschichte der Herrschaft über die Welt gewesen sein?

Der Steinschneider bezeugt, daß Naso vermutlich an einer Geschichte der Steine geschrieben habe; Naso habe ihn doch immer nur nach Steinen gefragt und krause Märchen von der Verwandlung lebendiger Wesen in Steine erzählt. Der Waldaufseher wiederum behauptet, Naso habe wohl an einem Buch über Bäume geschrieben, nur von Bäumen sei auf langen Spaziergängen die Rede gewesen. Und die Muscheltaucherinnen sagen, der arme Mensch habe sich doch nur für Seevögel interessiert, immerzu habe er von Seevögeln und der Verwandlung trauriger Liebender in Vögel gesprochen.

Posides hört zu, zeichnet auf, ordnet. Hierhin alle Verwandlungen in Steine, hierhin also die Mineralien, dorthin die Pflanzen, dann die Fische, die Vögel, die Säugetiere undsofort. So entsteht ein neues, ein seltsames Bild der Welt. Aber der Forscher beginnt sich nicht nur in die Hierarchie seiner Ordnungen einzurichten, sondern macht auch das Haus an der Küste wieder bewohnbar und hält schließlich Einzug: Ich, Posides.

Viertens: EIN BRIEF AUS TOMI

Hier ist das Buch. Ein Konvolut ungeschlachter Prosa. Laßt es meinetwegen in Hexameter setzen und unter Nasos Namen verbreiten. Seid vorsichtig. Man wird euch sagen, so einen habt ihr verbannt.

(In: Jahresring 87–88, Jahrbuch für Kunst und Literatur, S. 196f.)

Mat. 5 Postmoderne – ein Überblick

Jean-François Lyotard, der bedeutendste Theoretiker der Postmoderne, hat einmal gesagt, die Postmoderne sei weniger eine Epoche als ein „Gemüts- oder Geisteszustand". Wahrscheinlich geht es um beides, aber ausschlaggebend ist tatsächlich die neue Geisteshaltung. [...]

Literatur

Der Ausdruck „post-modern" begegnet zwar schon vor über einhundert Jahren, aber zum Leitbegriff einer Debatte ist er erst 1959/60 in den USA geworden. Die heute weltweite Diskussion um Moderne und Postmoderne nahm von dort ihren Ausgang. [...] Irving Howe und Harry Levin konstatierten 1959 bzw. 1960 [...], daß die Literatur der Gegenwart im Unterschied zur großen Literatur der Moderne – der Literatur der Yeats, Eliot, Pound und Joyce – durch Erschlaffung, durch ein Nachlassen der innovatorischen Potenz und Durchschlagskraft gekennzeichnet sei. In diesem Sinn sprachen sie von einer „post-modern literature". [...] In den sechziger Jahren kam es zu einer positiven Bewertung der neuen Tendenzen. Literaturkritiker wie Leslie Fiedler und Susan Sontag erkannten der neuen Literatur neue Qualitäten zu und verteidigten sie gegen die Bemessung am traditionellen Maßstab der Moderne. Sie sahen die entscheidende Leistung von Autoren wie Boris Vian [...] und Norman Mailer in einer neuen Verbindung von Elite- und Massenkultur. [...]
Postmoderne Literatur verbindet also sehr unterschiedliche Einstellungen und Ansprüche und erreicht dadurch eine Verschmelzung von Elite- und Massenkultur. Der Rationalität der Moderne werden diverse irrationale Momente – Vision, Mythos, Ekstase – entgegengesetzt oder hinzugefügt. Mehrsprachigkeit ist der Königsweg dieser postmodernen Literatur. Ein entschiedener Pluralismus bildet den Kern der postmodernen Tendenzen. Die Postmoderne ist eine gegenüber ihren Vereinseitigungen erweiterte Moderne. [...]

Soziologie

Die sozialen Grundlagen und Motivationen dieser neuen Gestaltung liegen auf der Hand. Fiedler [... u.a.] haben gleichermaßen auf die gesellschaftliche und kulturelle Pluralität und die damit verbundene Heterogenität von Geschmacksrichtungen, Erwartungen und Ansprüchen hingewiesen. Dem muß die postmoderne Gestaltung Rechnung tragen.

Inter- wie intrakulturelle Pluralität gehört heute zu Alltagserfahrung, auch wenn sie zugleich – insbesondere im Zeichen der Neuen Technologien – durch gigantische Uniformierungsprozesse bedroht wird. [...] Eine Alternative zur technologisch vereinheitlichten Weltzivilisation sehe ich allerdings nicht nur in der Betonung lokaler bzw. nationaler Identitäten, sondern mindestens ebenso in der Erzeugung neuer, quer zu den bestehenden Identitäten verlaufender [...] transversaler Identitäten.

Ähnliches hatte auch Daniel Bell, der Theoretiker der „postindustriellen Gesellschaft", im Auge, als er sagte, „daß in einer modernen Gesellschaft unweigerlich diverse und plurale Interessen bestehen, weil wir alle vielfache Anhänglichkeiten und Identitäten haben". Bell [...] betont, „daß es unvermeidlicherweise keine wechselseitige Versöhnung aller Werte geben kann" [Daniel Bell: The Winding Passage. Essays and Soziological Journeys 1960 to 1980, Cambridge 1980, S. 243]. [...] Genau auf diese einschneidende Pluralität – auf internationaler, sozialer wie intra-individueller Ebene – muß heutige Gestaltung [...] sich einlassen. Es gilt, nicht nur die Schwierigkeiten dieser Diversität zu beklagen, sondern ihre Chance zu ergreifen.

Philosophie

Jean-François Lyotard hat die Postmoderne durch das Ende der Meta-Erzählungen charakterisiert. Es gibt keine umfassende Erzählung mehr – wie einst die aufklärerische von der Rationalisierung der Welt oder die idealistische vom Zusichkommen des Geistes in der Geschichte oder die marxistische von der Emanzipation der Menschheit –, die in der Lage wäre, alle Bestrebungen zu bündeln und auf ein einziges Ziel – ihr Ziel – hin auszurichten. Die Postmoderne beginnt dort, wo dieses Ganze aufhört. Und sie trauert ihm nicht nach, denn sie hat die negative Kehrseite der scheinbar so positiven Ganzheitshoffnungen erkannt. Stets bedeutet die Vereinheitlichung ja unweigerlich zugleich die Unterdrückung abweichender Lebensformen, die Zensur alternativen Wissens, eine Exkommunikation des Besonderen. [...] Es gilt umgekehrt, die Eigenart und den Eigensinn der verschiedenen Lebensformen, Orientierungen und Kulturen anzuerkennen und zu verteidigen. Lyotard träumt nicht von deren Versöhnung, sondern er verlangt, sich ihrem Widerstreit zu stellen.

Während das Ende der Meta-Erzählungen bei Lyotard positiv zur Freisetzung vieler kleiner, partikularer Erzählungen führt, repräsentiert Jean Baudrillard die schwarze Variante der Postmoderne-Diagnose. Ihm zufolge sind wir schon in das Ende der Geschichte eingetreten, ja befinden uns bereits jenseits der Geschichte. Denn in den fortgeschrittenen Gesellschaften herrscht die völlige Indifferenz und Irrelevanz aller Oppositionen, Erkenntnisse, Einsichten, Wendeversuche. „Wir befinden uns wahrhaft in einem Jenseits. Die Phantasie ist an der Macht, ebenso die Aufklärung und die Intelligenz, und wir erleben jetzt oder in naher Zukunft die Perfektion des Sozialen; alles ist erreicht, der Himmel der Utopie ist auf die Erde herabgekommen, und was sich einst als strahlende Perspektive abzeichnete, stellt sich nunmehr als Katastrophe im Zeitlupentempo dar." [Jean Baudrillard: Die fatalen Strategien, München 1985, S. 85] In der Informationsgesellschaft, in der die Wirklichkeit durch Information erzeugt wird, ist es nicht nur immer schwieriger, sondern zunehmend unmöglich und sinnlos geworden, zwischen Realität und Schein noch zu unterscheiden. Diese durchdringen einander und konstellieren eine Situation universeller Simulation.

Wissenschaft

Seit der „Grundlagenkrise" – also seit den Theorien Einsteins, Heisenbergs und Gödels – und verstärkt in den neueren Ansätzen der Katastrophentheorie und Chaosforschung oder der Theorie der Fraktale und dem Konzept der dissipativen Strukturen – sagt uns die Wissenschaft selbst, daß die Welt durch Pluralität und Heteronomie charakterisiert ist, daß Paradoxien und Paralogien für ihr Verständnis erschließungskräftiger sein können als einfache Deduktionen und daß die Realität nicht harmonisch, sondern dramatisch, nicht einheitlich, sondern divers verfaßt ist – kurz gesagt: ein „postmodernes" Design hat.

(aus Wolfgang Welsch: Perspektiven für das Design der Zukunft. In: Ästhetisches Denken, Stuttgart 1990, S. 201–218)

Mat. 6 Fast alle heutigen Leser und Schriftsteller sind sich – und zwar effektiv seit 1955 – der Tatsache bewußt, daß wir den Todeskampf der literarischen Moderne und die Geburtswehen der Post-Moderne durchleben. Die Spezies Literatur, die die Bezeichnung „modern" für sich beansprucht hat (mit der Anmaßung, sie repräsentiere äußerste Fortgeschrittenheit in Sensibilität und Form, und über sie hinaus sei „Neuheit" nicht mehr möglich) und deren Siegeszug kurz vor dem Ersten Weltkrieg begann und kurz nach dem Zweiten endete, ist *tot,* das heißt, gehört der Geschichte an, nicht der Wirklichkeit. Für den Roman bedeutet dies, daß das Zeitalter von Proust, Joyce und Mann vorüber ist, ebenso sind in der Lyrik T. S. Eliot und Paul Valéry passé. [...]
Die Vorstellung von einer Kunst für die „Gebildeten" und einer Subkunst für die „Ungebildeten" bezeugt den letzten Überrest einer ärgerlichen Unterscheidung innerhalb der industrialisierten Massengesellschaft, wie sie nur einer Klassengesellschaft zustünde. [...]
Wichtiger ist, daß er [der Postmodernismus] die Kluft zwischen Künstler und Publikum schließt oder, in jedem Fall, zwischen Professionalismus und Amateurtum in den Gebieten der Kunst. [...] Die Kluft zu schließen, bedeutet auch, die Grenze zu überschreiten zwischen dem Wunderbaren und dem Wahrscheinlichen, dem Wirklichen und dem Mythischen, der bürgerlichen Welt mit Boudoir und Buchhaltung und dem Königreich, das man lange als Märchen zu bezeichnen pflegte, aber das schließlich in den Geruch der verrückten Phantasterei kam. Ganz sicher umfaßt die Grundidee solcher Pop-Formen der Literatur wie des Westerns, der Science-fiction und der Pornographie ebensosehr mythologische wie politische oder metapolitische Vorstellungen. [...]
Der Traum, die Vision, *ekstasis:* Sie sind wieder die wahren Ziele der Literatur geworden; denn unsere neuesten Poeten begreifen in diesen Endzeiten, was ihre entferntesten Vorfahren in den Zeiten des Anfangs begriffen hatten: daß es nicht genug ist, nur zu belehren und zu unterhalten. Sie sind überzeugt davon, daß Wunder und Phantasie, die den Geist vom Körper, den Körper vom Geist befreien, einheimisch werden müssen in einer Maschinenwelt, verändert vielleicht

oder sogar transformiert, aber auf keinen Fall zerstört oder verdrängt werden dürfen.

(aus Leslie Fiedler: Cross the Border – Close the Gap, dt. Überquert die Grenze, schließt den Graben! In: Wolfgang Welsch (Hrsg.): Wege aus der Moderne, S. 57–74)

7 Fiktion und Wirklichkeit werden austauschbar; selbst wenn er von einem gegebenen Gegenstand ausgeht, kann der Computer Bilder erzeugen, die mit der Vorlage nichts mehr zu tun haben; man braucht nur die Matrix, die Regeln des Darstellungssystems zu ändern.
Es handelt sich hierbei um ein zweideutiges Phänomen: einerseits verschwindet die Form als solche, andererseits werden durch *Metamorphosen* immer neue Formen erfunden und experimentell verändert. Vielleicht wird hier zum erstenmal endgültig mit der Anthropomorphie der Form gebrochen. Wird der Mensch der privilegierten Stellung beraubt, die er schon als Beobachter besitzt, dann ist die Bildproduktion sich selbst überlassen. Die Metamorphosen verweisen nicht mehr auf ein Urbild, auf welches die erzeugten Bilder wenigstens nachträglich zurückgeführt werden könnten; sie verweisen auch nicht mehr auf ein zentrales Subjekt, das die Kohärenz des Darstellungsraums garantieren würde. Jedes Bild wird gleichsam für sich selbst verantwortlich, und dies mündet in eine Geschichtsphilosophie, die sich weder auf ein wenigstens virtuelles Subjekt berufen kann, noch als Entwicklung auf eine Zielvorstellung hin aufgefaßt werden kann. [...] Man verkennt die heutige Tragweite der Simulation, wenn man sie wie im Falle der Flugsimulatoren mit Nachahmung verwechselt. In Wirklichkeit ahmt sie nichts mehr nach, sie schafft völlig Neues. [...] Die so hergestellte „Wirklichkeit" ist, wie Baudrillard sagt, eine „Darstellung ohne Referenzen".

(aus Gérard Raulet: Leben wir im Jahrzehnt der Simulation? Neue Informationstechnologien und sozialer Wandel. In: Peter Kemper: „Postmoderne" oder der Kampf um die Zukunft, Frankfurt/M. 1988, S. 165–188, Abschnitt S. 170f.)

8 Ob es postmoderne Werke gibt, zumal literarische, kann keineswegs als ausgemacht gelten. [...] Genügt es, wie Umberto Eco ein illusionistisches Fresko mittelalterlicher Mönchskultur mit einer spannenden Detektivgeschichte zu verknüpfen und das Ganze augenzwinkernd mit den abgegriffenen Mitteln der Illusionserzeugung zu präsentieren, damit wir von einem postmodernen Roman [...] sprechen können? [...]
Eine zentrale These postmodernen Denkens besagt, daß in unserer Gesellschaft die Zeichen nicht mehr auf ein Bezeichnetes verweisen, sondern immer nur auf andere Zeichen, daß wir mit unserer Rede so etwas wie Bedeutung gar nicht mehr treffen, sondern uns nur in einer endlosen Signifikantenkette bewegen. [...]
Die moderne Literatur hatte sich einer Situation gestellt, die durch das Fehlen sinnhafter Erfahrung im Leben charakterisiert ist. Sie war aber an der Möglichkeit einer Sinnsetzung nicht verzweifelt, [...] dem Kunstwerk gerade [wird] die Funktion der Sinnstiftung zugewiesen. Vielleicht ließe sich als postmodern dagegen eine Literatur bezeichnen, die auf den Versuch der Sinnsetzung überhaupt verzichtet. [...]

Postmodern aber wäre eine Literatur, die sich gegen die Möglichkeit einer solchen Deutung sperrte, die sich schlechterdings nicht mehr auf Wirklichkeit beziehen ließe. […]

(aus Peter Bürger: Das Verschwinden der Bedeutung. Versuch einer postmodernen Lektüre von Michel Tournier, Botho Strauß und Peter Handke. In: Peter Kemper, a.a.O., S. 294–301)

Anhang

Anmerkungen

[1] Die modernen Informationstechniken und Kommunikationsmittel muß Ransmayr aus seinem Szenario ausblenden, da sie die für die Struktur des Romans wichtige Teilung in Zentrum und Peripherie zumindest tendenziell nivellieren; selbst zentralsaharische Oasen dürften heute nicht mehr so entlegen sein wie sein Tomi.

[2] Diese Ahistorizität ist sicherlich nicht unproblematisch, vor allem nicht im Zusammenhang mit den Themen Zweiter Weltkrieg und Judenvernichtung. Wer jedoch, wie Eske Bockelmann in seinem Artikel zu Ransmayr im Kritischen Lexikon der Gegenwartsliteratur, München 1990, bemängelt, daß historische Details zu Augustus und Ovid nicht stimmen, läßt sich auf die Grundvoraussetzungen des Romans nicht ein, sondern hängt statt dessen altphilologischen Reminiszenzen nach.

[3] Dieser Maulbeerbaum steht im Zusammenhang mit Nasos Haus in Rom an der Piazza del Moro (Platz des Maulbeerbaumes); er verdankt seine Existenz in dem rauhen Gebirge der Sehnsucht Ovids. Zugleich steckt in ihm eine Anspielung auf die Pyramus-und-Thisbe-Episode der *Metamorphosen,* die in der *Letzten Welt* ansonsten nicht aufgegriffen wird und in der der Maulbeerbaum als Treffpunkt eine wichtige Rolle spielt.

[4] Christoph Ransmayr: Entwurf zu einem Roman. In: Jahresring 87–88, Jb. f. Kunst und Literatur, S. 197.

[5] Ausführlich informiert darüber Sven Lundström: Ovids Metamorphosen und die Politik des Kaisers, Uppsala 1980. Lundström analysiert die geringe Rolle, die moralisches und heroisches, auf Staat und Gemeinwesen bezogenes Denken und Handeln in diesem Werk einnimmt. Die positive Darstellung von Dichtern und Künstlern, ihre Höherbewertung gegenüber Herrscherfiguren und das Grundprinzip des Wandels widersprechen der Herrschaftsideologie des römischen Kaisers: „Wie wir [...] gesehen haben, sind die Götter in den *Metamorphosen* in der Regel boshaft, selbstsüchtig und unmoralisch. Ihre Vertreter unter den Menschen, die Könige, sind keineswegs besser: sie sind beinahe ausnahmslos Schurken." (S. 43).

[6] An diesem Punkt gleitet *Die letzte Welt* zur trügerischen Phrase ab, wenn es heißt: „Procne hatte ihren Sohn herausgenommen aus der Zeit und zurückgelegt in ihr Herz. (281)

[7] Publius Ovidius Naso: Tristia, hrsg. und übersetzt von Georg Luck, Heidelberg 1969, I, 1.127 (S. 35). Aus einer Vielzahl an Details geht hervor, daß Ransmayr nicht nur die *Metamorphosen,* sondern auch die *Tristien* und die *Briefe aus dem Pontus* zur Gestaltung seiner *Letzten Welt* herangezogen hat (vgl. Kap. 8).

[8] Im *Strahlenden Untergang* wird ein Experiment zur Selbstauslöschung vorgestellt, dem sich Menschen unterziehen, die zur Einsicht der grundsätzlichen Negativität des Menschen gekommen sind; in *Die Schrecken des Eises* fürchtet sich eine Polarexpedition vor dem Ausbruch der tierischen Instinkte im Menschen, sobald die Lebensmittel knapp werden; in *Przemysl* weicht die Hoffnung auf eine

Völkerversöhnung nach dem Ende des Habsburgerreiches nach wenigen Tagen nationalistischen Ausschreitungen.

[9] Vgl. Publius Ovidius Naso: Metamorphosen, hrsg. und übersetzt von Hermann Breitenbach, Stuttgart 1988 (Reclam UB 356), I, 89ff.

[10] Christoph Ransmayr: Entwurf zu einem Roman, a.a.O., S. 197.

[11] Ovid kann auf verschiedene Vorläufer aus dem Kreis der alexandrinischen Gelehrsamkeit zurückgreifen, die bereits Zusammenstellungen von Verwandlungsmythen publizierten. Neu an den *Metamorphosen* ist jedoch die Verschmelzung der einzelnen, in sich abgeschlossenen Erzählungen zu einem fortlaufenden Epos. Mit der Wahl der epischen Großform, die den hellenistischen Gelehrten bereits als überholt und „unmodern" galt, tritt Ovid in bewußte Konkurrenz zu Homer und Hesiod, vor allem aber zu Vergil und dem römischen „Nationalepos" der *Aeneis;* sowohl im Gegenstand (Mythologie, Natur und Kosmos) wie in der Gestaltung (Kunstfertigkeit, Betonung des Spielerischen) und Haltung (unheroisch, allgemein menschlich) bezieht Ovid eine Gegenposition.

[12] Christoph Ransmayr: Strahlender Untergang, Wien 1982 [ohne Seitennumerierung, S. 10].

[13] Vgl. Klaus Vondung: Die Apokalypse in Deutschland, München 1988.

[14] Renate Just: Christoph Ransmayr. Erfolg macht müde. In: Zeitmagazin Nr. 51, 16.12.1988, S. 50.

[15] Es ist hier nur das dritte Kapitel ausgewertet, wobei die Zahl der irrealen Vergleichssätze noch wesentlich größer ist als die hier zitierten.

[16] Veröffentlichung in der Werbebeilage des Greno-Verlags zur Vorstellung der *Letzten Welt* (III/1988) und in Andreas Thalmayr (Hrsg.): Das Wasserzeichen der Poesie, Nördlingen 1985, S. 10–13.

[17] Christoph Ransmayr: Entwurf zu einem Roman, a.a.O., S. 196.

[18] „Der Schnee liegt, und damit ihn, wenn er liegt, Sonne und Regen nicht schmelzen können, macht ihn der Nordwind kalt und beständig. Daher fällt schon der nächste, wenn der erste noch nicht vergangen ist, und an vielen Stellen pflegt er zwei Jahre zu bleiben. Ovid: Tristien a.a.O., III, 10, 8f.

[19] Vgl. Ovid: Tristien, a.a.O., V, 10, 8.

[20] Vgl. Publius Ovidius Naso: Epistulae ex Ponto, III, 1, 23, hrsg. und übersetzt von Georg Luck, Zürich 1963.

[21] Ovid: Tristien, a.a.O., V, 7b, 42ff.

[22] Vgl. Ovid: Tristien, a.a.O., V, 10, 41.

[23] Ovid: Tristien, a.a.O., I, 1, 119f.

[24] Eine Einführung in die römische Literatur, auch mit sozialgeschichtlichen Aspekten, bietet Manfred Fuhrmann u.a.: Römische Literatur, Frankfurt/M. 1974 (= Neues Handbuch der Literaturwissenschaft, Bd. 3). Weiterführende Literatur zu Ovid und den *Metamorphosen:* Hermann Fränkel: Ovid. Ein Dichter zwischen zwei Welten, Darmstadt 1970 (engl. 1945); Franz Stössl: Ovid. Dichter und Mensch, Berlin 1959; Ernst Zinn / Michael von Albrecht (Hrsg.): Ovid, Darmstadt 1968 (WdF Bd. 92); Hartmut Froesch: Ovid als Dichter des Exils, Bonn 1976; Sven Lundström: Ovids „Metamorphosen" und die Politik des Kaisers, Uppsala 1980; Heinz Wissmüller: Ovid. Einführung in seine Dichtkunst, Neustadt/Aisch 1987.

[25] Publius Ovidius Naso: Metamorphosen. Das Buch der Mythen und Verwandlungen, neu übersetzt und hrsg. von Gerhard Fink, Zürich, München 1989, S. 16.

[26] Gerhard Fink: Nachwort zu: Ovid, Metamorphosen. Das Buch der Mythen und Verwandlungen, neu übersetzt und hrsg. von G. Fink, München 1989, S. 415.

[27] Die Materialien im Anhang können keine grundsätzliche Einführung in die Problematik von Moderne und Postmoderne leisten, sie sind in speziellem Zusammenhang mit einer unterrichtlichen Behandlung der *Letzten Welt* ausgesucht. Wichtige grundlegende Texte zur Postmoderne in Kunst und Gesellschaft sind zusammengestellt in Wolfgang Welsch (Hrsg.): Wege aus der Moderne. Schlüsseltexte der Postmoderne-Diskussion, Weinheim 1988. Begriffsgeschichte und eine umrißhafte Definition liefert der Aufsatz von Wolfgang Welsch: „Postmoderne". Genealogie und Bedeutung eines umstrittenen Begriffs. In: Peter Kemper (Hrsg.): „Postmoderne" oder der Kampf um die Zukunft, Frankfurt/M. 1988, S. 9–36 (ausführlicher in Wolfgang Welsch: Unsere postmoderne Moderne, Weinheim 1987).

[28] Jean-François Lyotard: Philosophie und Malerei im Zeitalter ihres Experimentierens, Berlin 1986, S. 97.

[29] Ausführlicher auf die philosophischen und inhaltlichen Übereinstimmungen zwischen der *Letzten Welt* und der Postmoderne geht ein der Aufsatz von Peter Bachmann: Die Auferstehung des Mythos in der Postmoderne. Philosophische Voraussetzungen zu Christoph Ransmayrs Roman „Die letzte Welt". In: Diskussion Deutsch, Heft 116, S. 639–651.

[30] Peter Bürger: Das Verschwinden der Bedeutung. Versuch einer postmodernen Lektüre von Michel Tournier, Botho Strauß und Peter Handke. In: Peter Kemper, a.a.O., S. 295.

Literaturverzeichnis

Zur „Letzten Welt“: Textausgabe

Wörtliche und sinngemäße Zitate aus der „Letzten Welt“ werden durch Seitenzahlen in Klammern nachgewiesen. Die Angaben beziehen sich auf die Taschenbuchausgabe des Fischer-Verlags (Fischer-Taschenbuch 9538, [1]1991). Diese Seitenzahlen sind identisch mit der gebundenen Ausgabe des Greno-Verlags (soweit es sich um den Roman handelt; lediglich im „Ovidischen Repertoire“ weichen beide Ausgaben voneinander ab; für die gebundene Ausgabe müssen in diesen Fällen jeweils zwei Seiten hinzuaddiert werden).

Forschungsliteratur

Bachmann, Peter: Die Auferstehung des Mythos in der Postmoderne. Philosophische Voraussetzungen zu Christoph Ransmayrs Roman *Die letzte Welt.* In: Diskussion Deutsch Jg. 21, Heft 116, S. 639–651

Bockelmann, Eske: Christoph Ransmayr. In: H. L. Arnold (Hrsg.): Kritisches Lexikon der deutschsprachigen Gegenwartsliteratur, München 1990

Epple, Thomas: Phantasie contra Realität – eine Untersuchung zur zentralen Thematik von Christoph Ransmayrs *Die letzte Welt.* In: literatur für leser 90/1, S. 29–43

Rezensionen

Eggebrecht, Harald: In den Schluchten der eisernen Stadt. In: Süddeutsche Zeitung, 22./23.10.1988

Finkbeiner, Hans Dieter: Heavy Metal Fantasy. In: Profil, 6.2.1989

Fuhrmann, Manfred: Christoph Ransmayr, Die letzte Welt. In: Arbitrium, 2/1989, S. 250–254

Hage, Volker: Mein Name sei Ovid. In: Die Zeit, 7.10.1988

Halter, Martin: Der Dichter in der Einsamkeit der Verbannung. In: Badische Zeitung, 3.11.1988

Jacobs, Jürgen: Lust an der Phantasie. In: Kölner Stadtanzeiger, 6.12.1988

Just, Renate: Erfolg macht müde. In: Zeitmagazin, 16.12.1988

Kaever, Katharina: Vorbeitorkelnde Pappnasen. In: die tageszeitung, 30.9.1988

Kaiser, Joachim: Mit erlauchten Worten Wirkungen zweiter Klasse. In: Süddeutsche Zeitung, 22./23.10.1988

Löffler, Sigrid: Christoph Ransmayr: „Die letzte Welt“. In: Literatur und Kritik, 1989, Nr. 235/236, S. 271

Modick, Klaus: Das Lesen der Sprache in allen Dingen. In: Rheinischer Merkur, 7.10.1988

Noack, Bernd: Die Verbannten der Erde. In: Nürnberger Nachrichten, 5.10.1988

Ortheil, Hans-Josef: Die schwere Last des frischen Lorbeers. In: Die Rheinpfalz, 19.11.1988

Schirrmacher, Frank: Bücher aus Asche, Leiber aus Ameisen. In: Frankfurter Allgemeine Zeitung, 17.9.1988

Schütte, Wolfram: Gußeisern. In: Frankfurter Rundschau, 8.10.1988
Wiesner, Harald: Eine Flaschenpost aus der Antike. In: Der Spiegel, 12.9.1988

Zu Ovid und den „Metamorphosen“:

Textausgaben: 1989 erschien beim Artemis-Verlag eine Prosaübersetzung der *Metamorphosen* von Gerhard Fink. Es gibt bei verschiedenen Verlagen Taschenbuchausgaben der (übersetzten) *Metamorphosen:* Sowohl bei Reclam (Versübersetzung mit ausführlichen Registern und einer Inhaltsübersicht) wie bei Insel (Versübersetzung von Johann Heinrich Voß, mit Picasso-Illustrationen) und bei Goldmann (Prosaübersetzung von Michael von Albrecht). Eine zweisprachige Ausgabe (von Erich Rösch in Hexameter übertragen, mit Register) gibt es in der Tusculum-Reihe des Heimeran-Verlags.
Ovids *Briefe aus der Verbannung (Tristia epistulas ex Ponto)* gibt es zweisprachig beim Artemis-Verlag.

Forschungsliteratur zu Ovid und den „Metamorphosen“

Albrecht, Michael von / Zinn, Ernst (Hrsg.): Ovid. Wege der Forschung, Bd. 92, Darmstadt 1968
Albrecht, Michael von / Clade, R.: Ovid „Metamorphosen“. Interpretationen und Unterrichtsvorschläge, Göttingen 1981
Albrecht, Michael von: Ovids „Metamorphosen“. In: Burck, Erich (Hrsg.): Das römische Epos, Darmstadt 1979, S. 120–153
Fraenkel, Hermann: Ovid. Ein Dichter zwischen zwei Welten, Darmstadt 1970
Froesch, Hartmut: Ovid als Dichter des Exils, Köln 1976
Fuhrmann, Manfred u.a.: Römische Literatur, Frankfurt/M. 1974
Guthmüller, H.-B.: Beobachtungen zum Aufbau der „Metamorphosen“, Marburg 1964
Haege, Hansjörg: Terminologie und Typologie des Verwandlungsvorgangs in den „Metamorphosen“ Ovids, Göppingen 1976
Lundström, Sven: Ovids „Metamorphosen“ und die Politik des Kaisers, Uppsala 1980
Stössl, Franz: Ovid, Dichter und Mensch, Berlin 1959
Wissmüller, Heinz: Ovid. Einführung in seine Dichtung, Neustadt/Aisch 1987

Literatur zur Postmoderne

Engelmann, Peter (Hrsg.): Postmoderne und Dekonstruktion, Stuttgart 1990 [Textsammlung, vor allem von Derrida und Lyotard, mit Vorwort]
Huyssen, Andreas / Scherpe, Klaus R. (Hrsg.): Postmoderne. Zeichen eines kulturellen Wandels, Reinbek 1986
Kemper, Peter (Hrsg.): „Postmoderne“ oder der Kampf um die Zukunft, Frankfurt/M. 1988
Koslowski, Peter / Spaemann, Robert / Löw, Reinhard (Hrsg.): Moderne oder Postmoderne? Zur Signatur des gegenwärtigen Zeitalters, Weinheim 1986
Renner, Rolf Günter: Die postmoderne Konstellation. Theorie, Text und Kunst im Ausgang der Moderne, Freiburg 1988

Welsch, Wolfgang: Unsere postmoderne Moderne, Weinheim 1987
Welsch, Wolfgang (Hrsg.): Wege aus der Moderne. Schlüsseltexte der Postmoderne-Diskussion, Weinheim 1988 [Sammelband wichtiger theoretischer Auseinandersetzungen zur ästhetischen, philosophischen und soziologischen Postmoderne, z.T. auch kritisch-ablehnend, u.a. von Daniel Bell, Umberto Eco, Leslie A. Fiedler, Ihab Hassan, Jürgen Habermas, Jean-François Lyotard]
Welsch, Wolfgang: Ästhetisches Denken, Stuttgart 1990

Zeittafel zu Leben und Werk

1954	am 20. März geboren in Wels (Oberösterreich) aufgewachsen in Roitham bei Gmunden am Traunsee
1972	Matura im Stiftsgymnasium Lambach
1972–1978	Studium der Philosophie und Ethnologie an der Universität Wien
1978–1982	Kulturredakteur der Wiener Monatszeitschrift *Extrablatt* sowie freier Mitarbeiter verschiedener anderer Zeitschriften (*Transatlantik, Merian* u. a.)
1982	Seitdem freier Schriftsteller, Wohnort Wien
1986	Literaturpreis des Bundesverbandes der deutschen Industrie
1986–1988	Elias-Canetti-Stipendium der Stadt Wien
1989	Anton-Wildgans-Preis der Österreichischen Industrie

Werke

1982	*Strahlender Untergang.* Mit 28 Reproduktionen nach Photographien von Willy Puchner
1982	*Die Königin von Polen. Eine politische Wallfahrt.* In: *TransAtlantik* 8/1982
	Kaiserin Zitas Weg in die Kapuzinergruft. In: *TransAtlantik* 11/1982
1984	*Die Schrecken des Eises und der Finsternis.* Roman
1985	*Przemysl. Ein mitteleuropäisches Lehrstück.* In: *Im blinden Winkel. Nachrichten aus Mitteleuropa,* hrsg. von Christoph Ransmayr
1987	*Ein Leben auf Hooge. Skizzen einer untergehenden Gesellschaft.* In: *Merian Schleswig-Holstein*
1988	*Die ersten Jahre der Ewigkeit. Beim Totengräber in Hallstatt.* In: *Merian Oberösterreich*
1988	*Die letzte Welt.* Roman
1989	*Die vergorene Heimat.* Reportage über das niederösterreichische Mostviertel. In: *Die Mitte der Welt, Bilder und Geschichten von Menschen auf dem Land,* hrsg. von Rudolf Palla, erstveröffentlicht in *GEO* 7/1989
1995	*Morbus Kitahara.* Roman
1999	*Der Weg nach Surabaya.* Reportagen und kleine Prosa